本书出版得到全国教育科学“十二五”规划2014年度教育部青年课题（编号：EIA140410）资助

全球化视域下我国高等院校对外汉语教学模式研究

耿　潇　著

华中师范大学出版社

新出图证（鄂）字 10 号
图书在版编目（CIP）数据

全球化视域下我国高等院校对外汉语教学模式研究/耿潇著．—武汉：华中师范大学出版社，2021.12

ISBN 978-7-5622-9496-2

Ⅰ．①全…　Ⅱ．①耿…　Ⅲ．①汉语—对外汉语教学—教学模式—高等学校　Ⅳ．①H195.3

中国版本图书馆 CIP 数据核字（2021）第 194571 号

全球化视域下我国高等院校对外汉语教学模式研究

©耿　潇　著

责任编辑：刘满元　　**责任校对**：骆　宏　　**封面设计**：胡　灿
编辑室：高等教育分社　　**电话**：027-67867364
出版发行：华中师范大学出版社
社址：湖北省武汉市洪山区珞喻路 152 号　　**邮编**：430079
销售电话：027-67861549　　**传真**：027-67863291
网址：http://press.ccnu.edu.cn　　**电子邮箱**：press@mail.ccnu.edu.cn
印刷：武汉兴和彩色印务有限公司　　**督印**：刘　敏
开本：710mm×1000mm　1/16　　**印张**：12　　**字数**：180 千字
版次：2022 年 3 月第 1 版　　**印次**：2022 年 3 月第 1 次印刷
定价：58.00 元

欢迎上网查询、购书

序

我国是具有五千年文明史的国家，古代中国星河灿烂，物产丰富，文化发达，技术超群，为人类文明与文化发展作出了杰出的贡献。近代以来，中国人知道除印度、尼泊尔等这个“西方”以外，还有“泰西”，即西欧，鸦片战争让中国人感到西方列强的船坚炮利，也认识到西方科技的“声光电化”。李鸿章惊叹中国遇到了数千年未有之强敌，处于“三千年未有之大变局”，面临生死存亡重大考验。梁启超在 20 世纪 20 年代初说：“近 50 年来，中国人渐渐知道自己的不足了。这点子觉悟，一面算是学问进步的原因，一面也算是学问进步的结果。第一期，先从器物上感觉不足。……第二期，从制度上感觉不足。……第三期，便是从文化根本上感觉不足。”应对世界局势的变化，中国在政治、经济、外交、文化教育等方面进行了改良与革命，甚至主张“全盘西化”，汉语知识界引进了西方的学术体系和话语体系，并建立了以西方学制为基础的学校教育体系。

20 世纪中国社会的变化翻天覆地，而后发现代化的处境和国情使得中国始终在模仿、借鉴和学习西方现代化经验，而中国共产党带领中国人民走上了一条建设社会主义新中国的道路。20 世纪 70 年代末的改革开放标志着我国社会现代化的全面推进，经济体制的改革，市场经济体制的建立，社会主义民主和法制建设等造成的社会转型使我国融入了全球化背景之下的世界现代化洪流之中。中国的现代化进程使国家富强的理想逐步变成现实，一百多年以来被欺凌的屈辱历史正在被社会进步带来的成就所洗刷。当然，我国与世界发达国家相比仍有较大的差距，还要继续追赶，发展社会经济，还要继续促进社会各方面的均衡协调发展，使社会政治、经济、文化、教育等达到较高的发展水平。但是，我们要看到中国特色社会主义发展模式已经显示了强大的生命力和持续的影响力，中国特色社会主义建设使我们建立了道路自信、理论自信、制度自信和文化自信，实现中华民族伟大复兴的中国梦的提出和中国的崛起进一步确立了中国作为世界大国的地位。“一带一路”倡议的提出及构建人类命运共同体的重要战略思想，使我国更加深入地处于世界体系之中。在此背景下，中国在走向世界的时候如何与世界打交道，如何向世界讲述中国故事、传播中国声音、提出中国理念、贡献中国方案就是一个宏大的课题。

立足新时代，适应新形势，面对新问题，对外汉语教学面临着新的挑战和新的发展，对外汉语教学也是新时代的一个关键研究课题。我国对外汉语教学经历了数个不同的阶段，对外汉语教学这个概念本身就很复杂，它既是一项事业的名称，也可以是一种工作或职业的名称，还可以是一个专业的名称，同时也是一门学科的名称。耿潇博士的这本专著立足国际国内形势的变化，梳理核心概念，把握关键问题，聚焦对外汉语教学主要领域，采用合理的研究方法对相关问题进行深入的研究，体现了研究特色。作者以传播学理论作为基础理论，研究了对外汉语教学的课程体系、教学的核心内容、教学目标、教学手段与方式等问题。作者首先通过留学生和教师访谈等方式了解国内高校对外汉语教学中最常见和最棘手的问题，通过文献调查法了解相关问题的研究现状，通过理论分析对这些对外汉语教学中的问题进行深入的剖析，从而形成相对全面、深入的分析模式。然后，通过课堂观察法和个案研究法，总结教学中出现的问题，并加以归纳。最后，针对问题及其产生的原因进行分析，并提出相应的教学策略，具体探讨如何将传播学理论中的传播模式应用于我国高校对外汉语教学的各个环节，以实现汉语教学各环节和要素的整体合力，使得留学生的汉语语言能力得到全面发展与提升。揭示对外汉语教学的最大意义就在于其作为汉语言文化传播的直接窗口，能让外国人切身体会中华民族五千多年的璀璨文化，以及当前中国最为现实的社会风貌。希望来华留学生能通过对外汉语学习，在理解中华文化的基础上，能够有效地进行跨文化交际，最终实现自我跨文化交际能力的提高。

本书作者借助爱德华·霍尔的文化定义，以跨文化传播为视角，以拉斯韦尔创立的传播学的“5W模式”为分析框架，研究国内高校的对外汉语教学模式，即从理论上探讨和总结以“传播与接受”为主线的针对来华留学生开展的对外汉语教学的体系和机制，清晰地分析文化传播视角下对外汉语教学的主体、媒介、对象以及内容，并以此评述教学所可能达到的文化传播成效。其研究的重点是全球化视域下我国高校对外汉语教学

“1＋1＋5”培养模式的建立，目的也是为构建跨文化传播模式，以及为将跨文化要素引入教学传播过程做准备，以求达到在国内高校对外汉语教学过程中优化中华文化对外传播效果的目标。具体来说，培养模式中的第一个“1”指的是秉持一个统一的核心，即以汉语言教学为核心，第二个“1”指的是一个共同目标，即以跨文化交际能力培养为目标，后面的“5”则是结合拉斯韦尔的“5W模式”，从教师队伍全面化、教程设置模块化、教学方法灵活化、教材设置对象化和教学实践合作化5个方面重新构建对外汉语教学体系。

本书具有较强的理论意义和实践价值。在理论层面讨论了对外汉语教学的应有面貌、教学的价值和意义等问题，夯实了理论基础，提出了一些富有创造性的观点。在实践层面建构了对外汉语教学“1＋1＋5”培养模式，对我国有关学校和机构的对外汉语教学提供了借鉴和启示，具有较强的操作性。

当然，对外汉语教学不仅仅是一个教育教学的技术性问题，在全球化、现代化背景下，面对中华民族的伟大复兴的历史和时代主题，思想性、文化性和价值观也是必须注重的核心问题。如何融思想、文化与价值观于对外汉语教学的理论体系之中，如何处理文化多元、开放包容、共同繁荣等发展理念，如何通过学术研究，讲好中国故事，传播好中国声音，服务于积极发展全球伙伴关系，服务于积极参与全球治理体系改革和建设，构建人类命运共同体，很多问题还需要进一步研究与探讨。期待耿潇博士有更多更好的学术贡献。

吴亚林

2021年8月31日

目　　录

绪　论

随着中国经济的快速增长和国际影响力的逐步提升，“汉语热”“汉文化热”迅速升温，对外汉语教学也发展成为一门炙手可热的学科。作为针对外国人的汉语教学，在跨文化交际的语境和中国文化地位与日俱增的国际背景下，如何处理好对外汉语教学过程中语言教学与中国文化教学之间的关系，如何选择文化教学的内容，如何实现教学过程中中国文化的传播以及如何发挥对外汉语教学在构建人类命运共同体伟大事业中的作用，这些都因成为当前对外汉语教学领域正在探索的重要课题，而备受教育学家和教育工作者的广泛关注。然而，受传统的教学观念、滞后的教学目的、纷乱的教学内容等因素的制约，目前我国的对外汉语教学还不能很好地承担起时代赋予的历史使命，即培养具有较强文化能力的国际汉语人才，继而传播更深远、更广阔的中国优秀文化。因此，我们要积极利用当前多样化的技术手段，深入发掘文化资源，主动更新对外汉语教学观念并积极探索新手段，使我们的语言教学和文化传播朝更高、更远、更广的方向发展。本书对如何通过对外汉语教学有效地传播中国文化及其价值观念，使来华留学生能够深入了解、认知中国文化及其内涵，正确看待中国形象，使对外汉语教学在构建人类命运共同体方面发挥应有的作用有重要意义。

一、研究背景

21世纪以来，在跨国贸易的繁荣、便利的交通及通信技术的革新等共同推动下，世界各国间的联系和交往变得越发密切，国际交流与合作越发频繁，全球一体化进程不断加快，随之而来的还有日趋激烈的竞争。任何一个国家的发展不但会受到本国政治、经济、文化等因素制约，而且会受到全球一体化潮流的巨大影响。对于中国而言，正式加入世界贸易组织标志着中国实际上已进入了一个全球化时代，而申奥和申博的连续成功，更全方位地加深了中国与世界的联系。

经济全球化的迅猛发展，也使得世界各国经济相互依存的程度日益加深，各国之间的合作愈加紧密。并且，这一发展趋势已从经济领域深入到社会生活的方方面面，饮食、服饰、体育以及影视等诸多流行的文化现象在短时间内席卷全球，国家之间的文化交流更加频繁，这一现象被称为“全球文化一体化”或“文化全球化”。如果说自第二次世界大战结束到20世纪70年代，整个世界是围绕经济的全球化，那么从20世纪70年代至今，文化全球化已成为不争的事实和主流发展趋势。在这一背景下，经济交往正转变成文化交往，国家之间的竞争越来越体现为文化力量的博弈，文化软实力已成为各国综合国力比拼的重要资本。在这场文化领域的竞争中，世界各国普遍认识到，要想突围而出从而使本国的文化得以弘扬发展，不仅在于对其他文化的吸收利用，更为关键的在于深入挖掘本国文化中的优秀成果，推动本国的文化“走出去”，以提高本国文化对世界的影响力和吸引力，从而形成世界范围内更加广泛的文化认同，进而增强本国在当今世界的国际影响力。

随着经济全球化和文化全球化的深入发展，国际交流随之不断增强，语言接触日趋频繁，语言的全球化成为全球化中的一个重要标志。不能否认，英语是目前全球公认的世界通用语，在政治、经济、科学以及文化领域都占据着统治地位。当前中国经济也已加入到全球化进程当中，随着世界经济全球化进程的迅速发展，中国与世界各国经贸往来日益频繁，中国经济的活力和潜力为大多数国家所认同，中国与世界的联系也更为紧密。随着中国与世界各国的交往与日俱增，中国的国际影响力也日益提高，中国在世界经济和政治舞台上扮演着越来越重要的角色，中国的文化也开始在世界各地生根发芽。与之相应，汉语在世界的重要性日益增加。在此背景下，推动中国文化走向世界，语言的推广成了首要问题，它是中国参与全球化发展、提升文化软实力的必然选择。20世纪90年代，美国学者约瑟夫·奈（Joseph Nye）提出了“软实力”的概念，他将软实力定义为：当一个国家使得其他国家以其预期目的为目标时的同化权力，具体包括语言、文化、教育、信息、关系、价值观等。个体层面上的文化软实力表现为一种提高自我与他者和谐相处的能力；对群体而言，文化软实力指融合不同文化规范背景下的跨文化沟通能力；对社会而言，文化软实力是一种弥合社会裂痕与冲突，保持文化多样性平衡的能力；对国家和国际社会而言，文化软实力是构建开放的非暴力的跨文化空间的能力[①]。

值得欣喜的是，随着中国经济的快速发展和国际地位的提高，中国文化借助经济的全球化浪潮在世界范围内得以传播，从而使得世界了解中国的愿望越来越强烈，汉语因其巨大的应用前景及学习价值而得到各国教育部门和公众的关注，学习汉语的风潮席卷了全世界，并在全球范围内形成了一波新的“汉语热”。目前英国学习汉语的人数已经超过40万；在美国，汉语已经成为第二大外语；俄罗斯已把汉语纳入全国统一考试。外国人以更为高涨的热情投身到汉语学习中，一方面是出于迫切地希望了解中国的历史和文化的目的，另一方面随着中国综合国力的增强，中国也开始重视中华文化在世界范围内的推广。

实际上“汉语热”不仅在民间大肆流行，汉语也被众多国家视为一门战略性的语言。当今许多欧美媒体对汉语的重视程度日益提高，如美国的权威财经报刊《华尔街日报》、英国的《财经时报》及美国的《国家地理》杂志都开设有中文网站。《华尔街日报》的英文网站主管说：“中国文化对全世界的影响将会越来越大，世界上任何一个主流媒体都不可能忽视中国文化的影响。”不仅是媒体，作为世界工厂的中国也吸引了各国诸多企业来华，中国繁荣的经济以及广阔的发展前景使得各国企业对中国充满信心，目前，《财富》杂志所评出的世界500强跨国公司中有大约三分之二已经在中国开设了分公司。正因为如此，世界上已有近70个国家将汉语的教学列入国民教育体系，全球学习汉语的人数已经超过1亿。在美国，学习汉语的人数年增40%。在法国，汉语学习人数比英语学习人数增长大幅领先，英语、日语、西班牙语的年增长率是2%—4%，汉语则高达38%。在亚洲，韩国来华学习的留学人数位列第一，汉语也成为日本人找工作的有力筹码。这其中，孔子学院在汉语推广的过程中起到了不可忽视的作用。仅2019年，孔子学院的建设就已经取得了令人瞩目的成就。2019年7月22日，国家主席习近平在北京人民大会堂同阿联酋阿布扎比王储穆罕默德举行会谈。其间，孔子学院总部负责人马箭飞与阿联酋教育

① 罗新星:《跨文化传播视野下的文化软实力》,《湖南社会科学》,2011年第2期。

部部长侯赛因·哈马迪交换了双方签署的《中国孔子学院总部与阿拉伯联合酋长国教育部关于将汉语纳入阿拉伯联合酋长国中小学教育体系的谅解备忘录》。孔子学院总部已向阿 15 所中小学派出 33 名教师，并向阿教育部派出汉语教学顾问。目前，阿联酋已开设 2 所孔子学院，2018 年底注册学员 8 031 人。孔子学院和中文教学合作项目为进一步推动中阿人文交流，深化中阿两国人民的理解和友谊搭建了桥梁。2019 年 6 月 23 日，在国务委员王毅和加科索部长见证下，孔子学院总部副总干事马箭飞与刚果共和国驻华大使达尼埃尔·奥瓦萨共同签署了《关于合作建设冈波·奥利卢-革命中学孔子课堂的协议》。2019 年 5 月 26 日，中国国家副主席王岐山访问巴基斯坦，在伊斯兰堡会见了巴基斯坦总统阿尔维，并与巴基斯坦总理伊姆兰·汗举行了会谈。会谈后，王岐山和伊姆兰·汗共同出席了中巴经济走廊合作项目揭牌及签约仪式，共同为旁遮普大学孔子学院揭牌。2019 年 5 月 24 日，中国和白俄罗斯教育机构签署关于在布列斯特国立大学设立孔子学院的协议，这是白俄罗斯设立的第五所孔子学院。2019 年 2 月 28 日，孔子学院总部和爱尔兰戈尔韦大学在戈尔韦大学签署合作设立戈尔韦大学中医与再生医学孔子学院的协议。同时，该大学与中方合作院校南京中医药大学签署承办孔子学院的执行协议。当地时间 2019 年 2 月 26 日，爱尔兰都柏林大学示范孔子学院揭牌仪式在都柏林大学孔子学院举行。

一个个孔子学院的建成正是中国文化世界影响力不断增强、为满足各国汉语学习者的需要应运而生的。实际上这是各国加大本国语言以及本国文化的推广力度而进行的不约而同的选择，在孔子学院诞生之前，法语联盟、歌德学院、英国文化委员会都是世界范围内成功运行的语言推广机构。这些语言推广机构的发展极大地推动了全球一体化进程和世界文化的多元发展。正是在充分借鉴世界其他语言推广机构的建立与发展经验的基础上，2002 年，教育部和国家对外汉语教学领导小组开始筹划设立我国在海外的语言推广机构。2004 年 11 月 21 日，全球第一所孔子学院在韩国首尔成立。至 2014 年底，我国已在 127 个国家和地区设立了 476 所孔子学院和 851 个孔子课堂。至 2015 年底，已在 134 个国家建立了 500 所孔子学院和 1 000 个中小学孔子课堂，注册学员达到 190 万人。至 2016

年底，共有 140 个国家设立了 511 所孔子学院和 1 073 个孔子课堂。到 2017 年底，已在全球 146 个国家和地区建立了 525 所孔子学院和 1 113 个孔子课堂。截至 2018 年底，我国已在五大洲的 154 个国家和地区开办了 548 所孔子学院和 1 193 个孔子课堂，学员总数达到 187 万人①，具体见图 0-1。

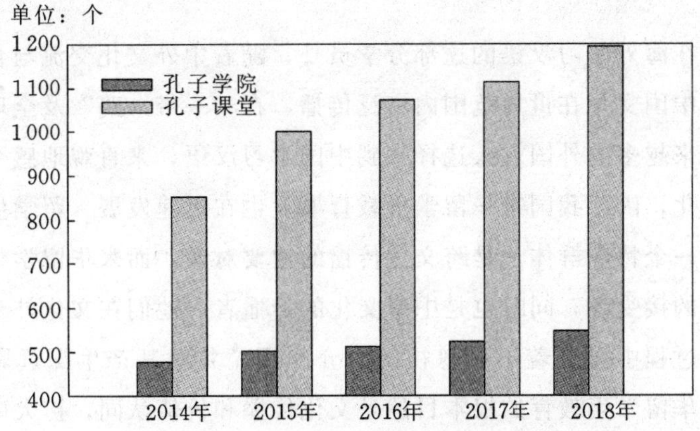

图 0-1　2014—2018 年孔子学院和孔子课堂总数

截至 2019 年 6 月，全球已有 155 个国家（地区）设立了 530 所孔子学院和 1 129 个孔子课堂。其中，亚洲 35 国（地区），孔子学院 126 所，孔子课堂 112 个；非洲 44 国，孔子学院 59 所，孔子课堂 41 个；欧洲 43 国（地区），孔子学院 184 所，孔子课堂 322 个；美洲 26 国，孔子学院 141 所，孔子课堂 559 个；大洋洲 7 国，孔子学院 20 所，孔子课堂 95 个②。《孔子学院 2018 年度发展报告》显示，孔子学院累计派出 10.5 万名院长、教师和志愿者，各类面授学员累计 186 万人。根据《孔子学院发展规划（2012—2020 年）》，到 2020 年，基本完成孔子学院全球布局，做到统一质量标准、统一考试认证、统一选派和培训教师；基本建立起一支质量合格、适应需求的中外专兼职教师队伍；基本实现国际汉语教材多语种、广覆盖；基本建成功能较全、覆盖广泛的中国语言文化全球传播体系；进一步完善国内国际、政府民间共同推动的机制，从而实现汉语成为

① 以上数据摘自国家汉办站，http://www.hanban.org/。

② 以上数据摘自国家汉办站，http://www.hanban.org/。

外国人广泛学习使用的语言之一的目标①。与此同时，海外文化中心的数量逐年增加，截至2020年底，我国已在法国、韩国、德国、日本、蒙古、俄罗斯、泰国、西班牙、墨西哥、尼日利亚、丹麦、斯里兰卡、澳大利亚、老挝、尼泊尔、巴基斯坦等25个国家建有中国文化中心。预计到2021年，海外中国文化中心将达到50多个，这些将成为中国文化传播的有力支点。

除了在海外学习汉语的这部分学员外，随着中外文化交流与合作的日益密切，中国文化在世界范围内广泛传播，在“一带一路”及全球化的背景下，越来越多的外国友人选择来到中国学习汉语，来直观地感受中国的语言和文化，因此我国来华留学生教育事业也在迅速发展。留学生是国际关系中的一个特殊群体，是跨文化传播的主要对象，而来华留学生不仅是中国文化的接受者，同时也是中华文化的传播者，他们在文化外交和跨文化传播的过程中发挥着不可忽视的媒介作用，并对其产生深远影响。因此，对来华留学生教育的根本目的是文化传播和价值认同，扩大中华文化影响力，这直接关系到中国在全球文化战略实施的成败。从2004年到2016年，来华留学生总数增长了近3倍，尤其是受“一带一路”影响的各国对来华留学热情高涨，具体而言，“一带一路”参与国留学生增长了7.3倍，接近20.8万人，占来华留学生总数的46.92%。来华留学人数最多的10个国家中，7个都来自“一带一路”相关国家，其中，泰国、巴基斯坦、印度、印度尼西亚的平均增幅都超过20%。显然，“一带一路”已成为来华留学的重要增长点，而且需求远未饱和，还有较大增长潜力②。2017年共有来自204个国家和地区的约48.92万名留学生在我国高等院校学习，2018年共有来自196个国家和地区的49.21万名各类外国留学人员在全国31个省（区、市）的1 004所高等院校学习，比2017年增加了3 013人，增长比例为0.62%（以上数据均不含中国港、澳、台地区）③，中国逐渐成为世界重要的留学目的地，亚洲最大留学目的国。按

① 孔子学院发展规划（2012—2020年），https://wenku.baidu.com/view/d3574ab2caaedd3382c4d3a7.html。

② 以上数据摘自人民网，http://world.people.com.cn/n1/2018/0403/c1002-29903673.html。

③ 以上数据摘自人民网，http://edu.people.com.cn/n1/2019/0412/c1053-31027481.html。

洲统计，2018 年来自亚洲的留学生人数占首位，计 295 043 人，占全年来华留学生总数的 59.95%；欧洲为 73 618 人，占 14.96%；美洲为35 733人，占 7.26%；非洲为 81 562 人，占 16.57%；大洋洲为6 229人，占 1.26%①，如图 0-2 所示。

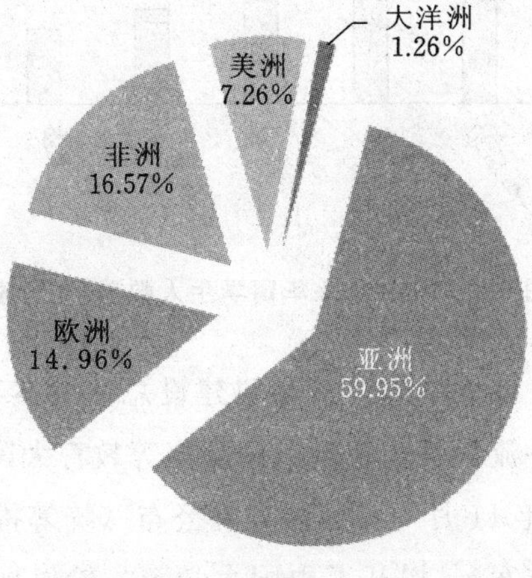

图 0-2　2018 年来华留学生比例（按洲统计）

按国别统计，2018 年来华留学生人数名列前 10 位的国家分别是韩国 50 600 人，泰国 28 608 人，巴基斯坦 28 023 人，印度 23 198 人，美国 20 996人，俄罗斯 19 239 人，印度尼西亚 15 050 人，老挝14 645 人，日本 14 230 人，哈萨克斯坦 11 784 人②，见图 0-3。由此可见，来华留学生还是以受到中国文化影响较大的东亚文化圈为主，同时也可以看到“一带一路”沿线国家成为来华留学生的重要来源国。这意味着很大一部分来华留学生都对中国文化有着一定的了解，与中国具有一定的文化渊源。

随着“汉语热”在全球范围内急剧升温，孔子学院如雨后春笋般在世界各地开花结果，越来越多的留学生来到中国学习汉语，这直接推动了我国汉语教育事业的迅速发展，我国的教育国际合作与交流也呈现出新趋势。2015 年 8 月 18 日，中央全面深化改革领导小组第 15 次会议审议通

① 以上数据摘自中华人民共和国教育部，http://www.moe.gov.cn/jyb_xwfb/gzdt_gzdt/s5987/201904/t20190412_377692.html。

② 上数据摘自中华人民共和国教育部，http://www.moe.gov.cn/jyb_xwfb/gzdt_gzdt/s5987/201904/t20190412_377692.html。

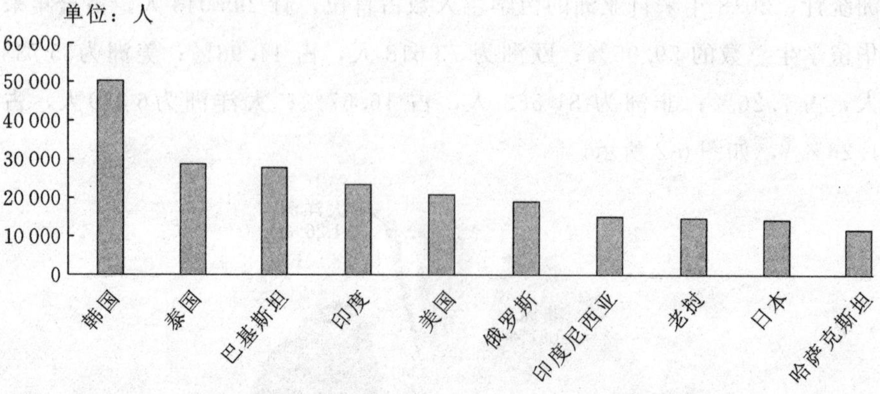

图 0-3　2018 年来华留学生人数前 10 国家

过《统筹推进世界一流大学和一流学科建设总体方案》，决定统筹推进建设世界一流大学和一流学科，实现我国从高等教育大国到高等教育强国的历史性跨越。2015 年 11 月 5 日，国务院公布《统筹推进世界一流大学和一流学科建设总体方案》，揭开了中国大学新一轮发展的序幕。上述文件明确指出，“双一流”建设要“坚持立德树人，突出人才培养的核心地位”。在“双一流”建设新形势下，如何推动一流的对外汉语教学学科发展再次受到对外汉语教学界的重视。

另外，作为一项跨国合作项目，“一带一路”倡议的推行也极大地激发了“一带一路”沿线各国对汉语的需求和热情，这同样也极大地推动了对外汉语教学的发展。2016 年 2 月，以《关于做好新时期教育对外开放工作的若干意见》的出台为标志，我国教育开始进入对外开放的全新历史时期，国家开始从政策层面对对外汉语教学进行指导和规范。2016 年 7 月出台了《推进共建“一带一路”教育行动》的指导性文件，提出“经过 5 到 15 年的不懈努力，力争实现使汉语国际推广体系更加健全，机制更加灵活多样，更好地满足海外汉语学习的需求，使汉语真正成为国际广泛应用的语言之一”。在“一带一路”倡议的影响下，一批教育合作交流国际组织得以建立，如“一带一路”高校联盟、“丝绸之路”农业教育科技创新联盟等合作组织。可以说，“一带一路”倡议的提出与实施为对外汉语教学的事业带来了新的机遇和挑战，需要从事对外汉语教育的学者和教师对此深入研究和思考。

除了全球化趋势以及“一带一路”倡议的提出，这里还需要提到人类命运共同体的建设。2013年习近平主席首次提出构建人类命运共同体的倡议，党的十九大报告则把“推动构建人类命运共同体”作为新时代中国外交主要思想之一。“‘人类命运共同体’思想强调人类只有一个地球，各国共处一个世界，各国在追求本国利益时兼顾他国合理关切，在谋求本国发展中促进各国共同发展。”① 发表于2019年7月22日《光明日报》的文章《文明对话与人类命运共同体伦理建构》，发表于2019年7月15日中国文明网的文章《汇聚构建人类命运共同体的文化合力》，发表于2019年5月16日新华网的文章《为共建命运共同体注入文明力量》，发表于2018年9月6日《人民日报》的文章《人类命运共同体理念的文化品格》等都提到了文化交流和文明对话对人类命运共同体建构的重要意义，而面对来华留学生开展的对外汉语教学无疑是开展文化交流和文明对话最直接的一个平台，对人类命运共同体的构建有着重大意义。

当前，经济全球化、文化全球化已成为不争的事实和发展趋势，世界范围内掀起的“汉语热”、“一带一路”倡议的提出及实施，以及人类命运共同体构建的推动，都促使我国教育的对外开放事业不断走向深化，国际交流与合作日趋频繁和深入。目前，孔子学院已经成为海外汉语国际推广机构中发展最快、最成功的推广机构，从2010到2019年仅仅10年间，孔子学院和孔子课堂就几乎遍及世界各地。此外，随着信息技术的发展，外国朋友也可以通过在我们国内建立的对外汉语远程教学系统来实现汉语的学习。当然，最为直接和有效的学习方式就是来华进入某所高等院校的对外汉语教学中心（或国际教育学院等）进行学习。国内高校所开设的对外汉语专业和课程可以更好地帮助留学生融入语言环境，让他们的汉语学习更加高效、深入和系统。在国内，高等院校成为留学生学习汉语和跨文化交际能力培养、促进汉语国际推广、传播中华优秀文化的主阵地。

语言与文化关系密切，语言的产生与发展促进了文化的继承，而文化是语言的内涵和本质。因此，对外汉语教学的主题和根本目标不仅在于创造汉语学习的机会，帮助留学生掌握汉语语言技能，加强对汉语语言的理

---

① 何星亮：《文明交流互鉴与人类命运共同体建设》，《人民论坛》，2019年第21期。

解，提高文化素质，更在于传播中国丰富多彩的文化，并在此基础上增进国际互信，从而实现语言和文化的多元发展。尽管孔子学院如雨后春笋般在全球落地，为汉语的推广和中华文化的传播做出了巨大贡献，但其发展却极易受到国际环境的影响，尤其是所在国的政策对孔子学院的发展有着巨大的制约，因此，汉语国际推广工作仍须重视国内对外汉语教学工作。然而，当前国内高等院校的对外汉语教学的体系与"一带一路"倡议对教育对外开放的要求仍有着较大的差距。虽然各高校也都已形成了自己各具特色的留学生汉语教学模式，但参考目前国家试点推行的工科学科认证可以发现，对外汉语教学在诸如学科的核心和目标上还不太清晰，学科的课程设置的科学性系统性仍有欠缺，专业化的教师队伍还需要建设，信息化的教学方法和手段仍然缺乏等，这些都是现阶段我国高校对外汉语教学和留学生汉语人才培养所面临的现实问题和障碍。正视这些问题并找出解决的方案，才能清除汉语国际推广与文化对外传播发展道路上的障碍，更好地开展相关工作。

世界经济一体化和文化一体化的发展大局对国际汉语人才的培养提出了更高的期望，也对我国高校对外汉语教学提出了更高的要求。在这个背景下，如何让来华留学生更好地了解中国，了解中国文化核心价值观以及中国当代文化建设的基本情况，并能够将中国文化更好地传播到全世界已成为一个时代课题。本书以全球化视域下高等院校的对外汉语教学模式为研究对象，以传播学的相关理论及跨文化传播学为理论基础，对如何建构合理科学的高等院校对外汉语教学模式进行研究，希望能更好地推动中国文化的对外传播，并为各大高校如何更好地进行对外汉语教学提供可行性建议。

二、研究思路与研究方法

（一）研究思路

文化正在成为或者已经成为我国高校对外汉语教学的必要内容。随着信息技术的不断发展，国家之间的交流日益频繁，世界正在变成一个地球村，这就要求面向来华留学生的教育更应该重视跨文化综合能力，而不是单纯的汉语语言知识的获得。因此，我们可以看到对外汉语教学由最初仅仅对语言能力的掌握发展到文化知识的获得，而后是交际能力，又发展到如今的跨文化交际能力。而对于大多数留学生而言，对外汉语教学相关的课程是接触中华文化、培养跨文化能力的唯一的高效途径，所以对外汉语教学课程中的跨文化能力的培养是重要目标。同时，语言本身就是文化的一部分，因此对外汉语教学应以语言教学为基础，以提高汉语语言的使用技能和跨文化能力的培养为核心和目标。目前，语言教学与跨文化能力的培养基本上是“分离式”的：将跨文化看作是一种可以和语言分开来的“知识”，语言与文化及跨文化人类命运共同体理念的文化品格分别置于“河的两岸”，这既不利于来华留学生语言能力的培养，更不利于其跨文化能力的培养和提升。因此，来华留学生的汉语教学必须体现语言学习和跨文化交际能力的结合，它们之间应该形成相辅相成、互为依存的关系。

对外汉语教学的重要理念之一是培养熟练使用汉语并能够进行跨文化交际的留学生人才。在全球一体化背景下，跨文化交际的重要性显著提升，我国对国际汉语人才的需求也不断高涨。对外汉语教学不能安于现状，墨守成规地传授汉语知识，而要积极应对当今全球化热潮及高等教育的国际化浪潮，实施国际化战略。这要求我们重新思考对外汉语教学的核心和目标，并探索对外汉语教学学科的发展方向。事实上，对外汉语教学作为一个文化传播渠道，应将跨文化能力的培养定为教学最为重要的目标。本书将以传播学的相关理论为基础，以对外汉语教学模式的研究为出发点，系统剖析对外汉语教学的复杂性，深入阐述对外汉语教学对于文化传播路径和渠道的构建与完善以及中华文化走向世界的推动作用。本书重点分析了当前对外汉语教学中存在的问题及其成因，并构建了跨文化传播学视域下对外汉语教学“1＋1＋5”的教学体系，以期实现以下研究目的：

（1）全面了解并客观评价高校来华留学生对外汉语教学的研究现状；

（2）分析传播学理论基础和基本要素，构建高校来华留学生对外汉语教学模式；

（3）树立高校来华留学生汉语跨文化教学的观念，增强师生跨文化教学的意识；

（4）扩大高校对外汉语教学的文化影响力，从而推动我国留学生教育事业的发展，增强中华文化和世界文化共享互通的桥梁作用，从而为人类命运共同体的构建做出应有贡献。

研究思路如下：在传播学理论指导下，在对外汉语教学的课程体系中完成教学的核心内容并实现教学目标。具体的研究手段是，首先，通过留学生和教师访谈等方式了解国内高校对外汉语教学中最常见和最棘手的问题，通过文献调查法了解相关问题的研究现状，通过文献综述和理论分析对这些对外汉语教学中的问题进行深入的剖析，从而形成相对全面、深入的分析模式。其次，通过课堂观察法和个案研究法，总结教学中出现的问题，并加以归纳。最后，针对问题及其产生的原因进行分析，并提出相应的教学策略，具体探讨如何将传播学理论中的传播模式应用于我国高校对外汉语教学的各个环节，以取得汉语教学各环节和要素的整体合力，使得留学生的汉语语言使用能力得到全面发展与提升。就中华文化对外传播而言，对外汉语教学的最大意义就在于其作为汉语言文化传播的直接窗口，能让外国留学生切身体会中华民族五千年来璀璨的文化，以及当前中国最为现实的社会风貌。希望来华留学生能通过对外汉语学习，在理解中华文化的基础上，能够有效地进行跨文化交际，最终实现自我跨文化交际能力的提高。

本书将在拉斯韦尔的传播学“5W 模式”理论指导下，建构“1+1+5”的教学模式。具体而言，第一个“1”为以汉语语言教学为核心，第二个“1”指以跨文化能力培养为目标，“5”是指教学传播体系中的不同环节，即在师资建设、教程设置、教学方法、教材编排、教学实践五个维度进行全球化视域下高等院校对外汉语教学体系的建设构想。“5W 模式”包括教学主体（Who）（教师）——内容分析（Teach What）（教学内容）——受众（Teach Whom）（教学对象）——媒介分析（In Which Channel）（教学方法）——效果分析（With What Effects）（教学效果），即聚焦于作为教学传播主体（Who）的教师、教学传播受众（Whom）的来华留学生，从教学方法和教学内容来提高来华留学生汉语语言的掌握能力，从理论上探讨如何培育来华留学生正确认知、接受中华文化，感受中华文化的感染力和亲和力，从而使其成为中华文化优秀的传播者和中外文化交流的桥梁，在学理层面为“传播”提供启示。

（二）研究方法

全球化视域下我国高等院校对外汉语教学模式研究是一个相对宏观、涉及面非常广泛的课题，为了实现研究的目标，本书克服以往同类研究采用单一方法（定性研究或定量研究）的局限，从传播学和跨文化的相关理论探讨出发，收集和归纳与高等教育资源有关的第一手材料，运用文献研究法、个案研究法、课堂观察法和跨学科研究法等研究方法，从宏观到微观，建构我国高校对外汉语教学“1＋1＋5”的教学体系，从更广阔的视野进行观察，总结出利用对外汉语教学进行中华文化价值内涵传播的方法。

第一，文献研究法。文献研究法是学术研究的基础方法，通过搜集、查阅、整理和分析相关文献来形成对所要研究问题的全面深入的理解，这是所有研究的第一步。“查阅文献的过程是总结过去相关研究工作的过程，它有助于建构研究的概念或理论框架、提出搜集与总结资料的方法、把握在研究中可能出现的差错等等。”[①] 通过文献研究法，尽可能全面调研近些年来关于我国高校对外汉语教学的相关学术研究成果，包括著作、译著、期刊论文和硕博论文等在内的学术研究成果，并在此基础上通过定量分析，归纳、整理、吸收和借鉴有启发意义的学术观点，并在对相关的材料进行总结和理论分析的基础上，为来华留学生的汉语教学提供一个比较全面的学术研究概貌。

第二，个案研究法。本书选取国内对外汉语教学的典型高校作为个案，对其具体教学进行深入细致的观察、描述和分析，达到对个案的深刻理解，进而发现对外汉语教学的一般性规律，为增强学术观点的说服力和理论阐述的科学性提供充分的依据和佐证，并以此发现对以后教学有启示价值的内容。

第三，课堂观察法。“教育中的观察法是指研究者通过感官或借助于一定的科学仪器，在自然环境下，有目的、有计划地考察和描述客观对象而获取其事实资料的一种方法。”[②] 在本书中，研究者进入课堂，对课堂

① 马云鹏：《教育科学研究方法导论》，长春：东北师范大学出版社 2002 年版，第 59 页。

② 马云鹏：《教育科学研究方法导论》，长春：东北师范大学出版社 2002 年版，第 63 页。

上教师和留学生的表现做观察和记录，以便获得我国高校对外汉语教学现状更为全面的资料，并以此为依据对我们的相关学习理论进行总结。

第四，跨学科研究法。跨文化传播视角下的我国高校对外汉语教学研究是一个交叉学科的综合性研究课题，内容涉及多个学科门类，如社会学、文化学、历史学、语言学、教育学、心理学、哲学等方面的理论。单一学科视角的研究无法实现研究目标，只有综合各个相关学科的知识，并基于个案当中的具体情况，对论题展开多角度的跨学科、多领域的分析和研究，视野才会更开阔，思考才会更深入，研究才会更科学，才会取得预期的研究效果，所以，本书的研究涉及传播学、文化学、心理学、社会学等多个学科。

三、研究意义

当前，中华文化在走向世界的同时面临着巨大的机遇与挑战，我们要勇于面对挑战，善于抓住机遇，借助当前有利形势构建全球化视域下的中华文化走向世界的战略体系。作为这项伟大事业的重要组成部分，与对外汉语教学相关的理论分析和实践探索都具有重大的理论意义和实践意义。当前，在对外汉语教学界，从传播学理论对教学体系进行的研究还不够深入，本书建构的教学体系以及相关结论可以丰富对外汉语教学的相关成果，同时能够促进教学实践层面的改进，更好地发挥对外汉语教学讲好中国故事，传播好中国声音，推动中华文化走向世界，提升中华文化软实力以及培养留学生汉语人才的作用。

（一）理论意义

1. 丰富了对外汉语教学的研究成果，满足了对外汉语课堂教学研究需要进一步深化的要求

在对学科理论进行建设之后，对外汉语教学的研究逐渐完成了从上课的经验型向科研型的转变，出现了大量的有关语音、词汇、语法等语言要素以及课堂教学各个环节的研究成果，也就是在理论层面讨论对外汉语教学的应有面貌、教学的价值和意义等。本书重点关注运用传播学理论来指导对外汉语教学研究，就笔者所知，目前在这方面开展的研究仍极为有限，因此本书对于深化当前的对外汉语教学研究有着较为重要的价值。另

外，由于语言教学有部分相通之处，因此本研究成果也可为其他语言教学研究提供借鉴①。

2. 进一步诠释对外汉语教学对来华留学生汉语交际能力培养以及跨文化能力的提高和促进作用，从而提出改进现有教学体系的新标准

现有的课堂评价大多数是从教学目标的合适性、教学方法的恰当性、师资建设的合理性、课堂气氛的活跃性等角度对教学体系进行评价，对留学生的评价大多还停留在留学生是否学习语法点和词语的用法上，而缺少从文化传播的角度进行评价。因此，本书有利于从新的角度来重新思考和评价当前对外汉语教学的教学传播效果。

3. 对有争议的问题进行理论探讨，有利于提出对当前对外汉语教学中的问题更加科学合理的解决举措

通过访谈了解教师和留学生对教学的看法，探讨对外汉语教学是不是只有语言教学又或者只有文化教学等比较有争议的问题，为开展针对汉语国际教师的课堂教学能力的培训课程及方式提供理论支持。本书所得出的结论对这些比较有争议的问题的解决具有参考价值，在细节上也会对具体操作的步骤和方法给予指导和建议。

4. 以国内高校对外汉语教学作为研究起点，通过将留学生作为传播受众进行研究，可以促进我们了解本国文化走向世界的现实情况

留学生是我们推动中华文化传播和中华文化“走出去”的重要受众，通过来华留学生这一桥梁，可以更好、更深入地向国外展现良好的国家形象，让国外民众更好地认识中国、了解中国，彰显中华文化自信的时代风貌，使“走出去”的中华文化影响力更加广阔和深远，从源头更加深入地探索中华文化走向世界的传播体系的构建，合理科学地改进文化传播策略。

（二）实践意义

1. 有利于讲好中国故事、传播好中国声音

改革开放以来，随着中国综合国力、经济实力的日益提升，中国的国际地位和国际影响都在显著提高，我国在坚持“以我为主”的同时，也开

① 本书也是“基于高校英语专业的课堂语言整合式教学策略研究”（JYZD18034）的部分研究成果。

始加强中国文化在海外的传播，让受众在不断了解中国文化的过程中也接受和平崛起的中国形象[①]。受此影响，来华学习汉语的留学生人数也相应地在不断攀升，“汉语热”在全世界范围内的流行，为中国文化的对外传播，以及构建人类命运共同体的中国方案的实施提供了有利的发展环境。在全球化的浪潮中，“中国梦”业已成为引发全国各界热议的重要议题，通过对外汉语教学，讲好中国故事、传播好中国声音的文化强国战略正是铸就文化强国、实现中华民族伟大复兴的重要战略步骤。

2. 有利于中国文化走向世界，构建人类命运共同体

当今世界是一个全球化的时代，经济全球化、文化全球化是当今国际社会发展的主流趋势，在经济全球化的推动下，各国之间联系不断紧密，“不同文明的接触，以往常常成为人类进步的里程碑”[②]。一个国家对世界所产生的影响，实际上已经超越了经济和政治的维度，更多地体现为文化上的影响。文化不仅是对外传播的重要内容，也是争取国际话语权及国与国之间综合较量的筹码。著名学者庄晓东认为：

> 文化与传播是互动和一体的。文化是传播的文化，传播是文化的传播。没有文化的传播和没有传播的文化都是不存在的。一方面，文化的形成和发展受到传播的影响。传播促成文化整合、文化增值、文化积淀、文化分层、文化变迁和文化“均质化”。传播对文化的影响不仅是持续而深远的，而且是广泛而普遍的。[③]

对中国而言，由于处于后发位置，西方文化借助殖民和强大的经济实力已经在文化领域优先占据了有利位置，而中国要在这个合作、交流、偏见和竞争共存的文化困境之中突围而出，必须提高本国文化的影响力，通过推动本国文化“走出去”，优化中国的国际环境，推动人类命运共同体的构建。

3. 有利于树立良好的中国形象

改革开放以来，中国的综合国力逐步增强，2011 年中国国民生产总

① 祝东颖：《充满潜力的中国文化外宣》，《对外传播》，2009 年第 7 期。

② 罗素：《中西文明的对比》，上海：学林出版社 1996 年版，第 146 页。

③ 庄晓东：《传播与文化概论》，北京：人民出版社 2008 年版，第 3 页。

值已超越日本跃居世界第二位，在政治、经济、文化等各领域的对外合作日益频繁，在世界全球化进程中扮演着举足轻重的角色。然而，当前国际社会充斥着各种对中国的偏见，“妖魔化”中国、“中国威胁论”等不良论调不绝于耳。为了创造和平发展的国际环境，可以通过对外汉语教学，对留学生进行正确的文化传播，从而将中国的“和平发展道路”“和谐世界的理念”等介绍给全世界。通过文化传播，还能让他们学会从跨文化角度思考和处理问题，从而能够正确地了解中国，也能让世界更为全面地认知中国，理解中华文化“和合”“亲善”“共赢”“共享”的本质，从而克服沟通和交往中的障碍，消除误解与隔阂，逐步推动各国扩大和加深及中国政治及文化层面上的沟通与合作。

4. 有利于提高国家的文化软实力

“在全球化的今天，软实力的竞争更加重要。从软实力的主要代表看，语言可以说是软实力的基础，因为它是其他软实力的构成要素，是文化或意识形态影响力的保证。”[①] 当前世界各国都早已从战略的高度来审视自己国家的语言推广工作，对中国而言，从提升我国综合国力的角度出发，语言的推广对中国的文化传播以及对于中国文化占据国际文化竞争的制高点，实现国家对内和对外目标起着重要的补充和支撑作用。在全球化的今天，软实力的竞争更加激烈，直接关系到中华民族伟大复兴的成败。因此，为了提升中国的文化软实力，需要极其重视对外汉语教学过程中跨文化传播的人才的培养。

在新时代的背景下，如何通过留学生汉语人才的培养讲好中国故事、传播好中国声音，业已成为众多学者的重要研究方向。这些研究或关注跨文化交际理论观照下中国文化对来华留学生的教育意义[②]，或指出当前的留学生汉语教学必须采用留学生容易接受的形式来对外宣传我们的文化政策[③]。虽然研究者们肯定了留学生在中国文化对外传播过程中所扮演的重要角色，然而，对如何在对外汉语教学中将语言教学与文化传播有机地结合起来，从而提升中国文化的传播能力则关注不足。可以说，全球化背景下，面向留学生的汉语教学已不仅是一种教育体系，更是一项在世界范围

① 王克非:《外语教育政策与社会经济发展》,《外语界》,2011 年第 1 期。

② 黄慧:《来华留学生中国文化认同感研究》,《教育评论》,2017 年第 12 期。

③ 李庆本:《对外文化传播与国家形象建设》,《湖南社会科学》,2012 年第 5 期。

内推广中华文化、提升中华文化影响力的国家事业，“留学生教育不仅仅是教育和经济的问题，更是文化传播和国家形象塑造的政治问题”[①]。在推动对外文化传播的过程中，留学生汉语人才的培养对树立中国的文化形象和讲述“中国故事”均有着至关重要的意义。

5. 有利于留学生汉语人才的培养

新中国的对外汉语教学始于1950年，这一年的8月31日，政务院文化教育委员会正式向教育部下达了接收来自捷克斯洛伐克、波兰、罗马尼亚、匈牙利以及保加利亚五国留学生的通知，从而揭开了新中国对外汉语教学的序幕。但直到1978年3月召开的北京地区语言学科规划座谈会上才正式提出：“要把对外国人的汉语教学作为一个专门的学科来研究，应成立专门的研究机构，培养专门的人才。”当今社会的全球化语境则又赋予中国高校新的教育要求和挑战，呼唤新的教育理念来指导人才培养，包括留学生汉语人才的培养，这将促进我们对培养模式和方法进行思考。从文化传播角度出发，留学生不会被复杂而又相对枯燥的语言知识所束缚，并能对中国的传统文化、当前现实及未来发展形成清晰的认识，还能贴近中国日常，感受中国魅力。笔者认为，从跨文化传播角度出发可以极大地提高留学生对汉语的学习热情，培养其对中国的全面认识，并有利于其形成自己的“中国故事”。

总之，在当前文化全球化背景下，中国文化走向世界，并与世界其他国家民族的文化展开对话、交流与合作，已成为新时代中国发展的必然趋势和必要过程。汉语蕴含着历史悠久的中国文化，通过传授汉语，向世界传播中国文化，不仅有助于树立中国的国际形象，提升国家的文化软实力，也有利于达成文化共识，从而为人类命运共同体的构建创建良好的国际环境。同时，文化传播的社会功能发挥了巨大的桥梁与纽带作用，实现了不同文化背景的主体文化上的融通需求。在传播学及跨文化传播学指导下的对外汉语教学可以将中国文化精髓有机地融入汉语语言教学体系中，这不仅有助于我国对外汉语教学理论的丰富和充实，为对外汉语教学改革实践提供理论指导，更可以推动汉语的国际化，从而更好地讲述中国故事、更好地传播中国声音，帮助中国文化更为自信地、大踏步地走向世

① 马春燕:《来华留学生:中国故事讲述者与国家形象宣传员》,《社会科学论坛》,2017年第12期。

界。另外，从人才培养角度讲，文化和经济全球化的 21 世纪需要具有跨文化能力的留学生汉语人才，它能够帮助留学生更加有效地融入中国社会，尽力消除他国与我国之间的误解，让世界更了解中国，为中国与其他国家直接的经济和文化交流搭桥铺路，从而实现互惠互利，共同发展。

本章对研究的背景因素进行了剖析，阐述了研究思路和研究方法，并梳理了本书研究的意义。下一章为理论基础，将对与本书联系密切的关键概念和文献进行综述，旨在为研究的进行提供坚实的理论指导和依托。

第一章　关键概念与文献综述

本章借助文献对与本书密切相关的关键概念进行梳理，并通过对研究现状的总结分析，从而为本书的写作奠定理论基础。第一节对本书的关键概念进行阐述，包括全球化、对外汉语教学和“1＋1＋5”教学体系，第二节对 2014 到 2018 年近五年间的与对外汉语教学研究密切关联的文献进行梳理，包括对外汉语教学中的汉语语言教学、对外汉语教学中的跨文化能力培养、对外汉语教学中的师资建设、对外汉语教学中的教程设置、对外汉语教学中的教学方法、对外汉语教学中的教材编排、对外汉语教学中的教学实践等各方面内容，从积极推动作用与面临的挑战等方面进行评述，从而为对外汉语教学研究提供一些参考性建议。

第一节　概念的界定

克劳塞维茨在《战争论》一书中曾经这样写道：“任何理论只有对名称和概念有了共同的理解，才可以清楚而顺利地研究问题，如果不精确确定它们的概念，就不可能透彻地理解它们之间内在的规律和相互联系。”[①] 本节将明晰全球化、对外汉语教学及“1＋1＋5”教学体系等相关概念，这有助于我们对全球化视域下对外汉语教学研究有一个更深刻的理解和更准确的把握。

一、全球化

早在 1960 年，麦克卢汉与卡朋特合著的《听觉空间》就已经涉及了

① 克劳塞维茨:《战争论》(第 1 卷),北京:解放军出版社 1986 年版,第 86 页。

“地球村”这一概念，可以认为，正是这一概念的提出开启了全球化的相关论述。此后，罗兰·罗伯逊在《现代化、全球化和世界体系理论中的文化问题》一文中首次明确提出全球化的概念，作者使用了“Globalization”一词对全球化这一概念进行描述[①]。自20世纪80年代开始，全球化成为世界范围内的热点问题，开始为国内外学者所关注，其被公认为20世纪后期人类社会的关键词之一。20世纪90年代以来，“全球化”一词的影响力越来越大，成为风行全球的流行术语。虽然人们对全球化已经耳熟能详，但是不同的行业不同专业的人群如政治学家、社会学家、人类学家、经济学家都从各自的研究领域对“全球化”作出了各不相同的定义，全球化也随之成为我们认知世界和研究问题的重要视域，因此，必须准确揭示全球化的定义和内涵，客观把握世界全球化发展的历史进程。

全球化的形成阶段大约开始于15世纪末，到19世纪中叶进入拓展时期，从20世纪70年代开始，全球化进入了当代发展阶段。尽管全球化的影响力已经有目共睹，但是在学术研究领域，尚无任何一种理论对全球化的阐释能获得公认地位。在众多的全球化理论研究者中，较有影响力的有马克思、恩格斯、安东尼·吉登斯以及罗兰·罗伯逊、乌尔利希·贝克等。

作为人类社会发展必然产物的全球化，很早就引起了马克思和恩格斯的关注，虽然他们没有明确使用过全球化这一概念，但其思想体系中蕴含着丰富的全球化思想。马克思和恩格斯认为：“各民族之间的相互关系取决于每一个民族的生产力、分工和内部交往的发展程度。”[②] 换而言之，他们认为全球化是“生产力”、“分工”和“内部交往”的客观历史过程和必然结果，而非个人意志的产物，并不为某个人或某个集体意志所决定，正如马克思所说，“历史向世界历史的转变，不是‘自我意识’、世界精神或某个形而上学幽灵的某种纯粹的抽象行动，而是完全物质的、可以通过经验证明的行动”[③]。安东尼·吉登斯在理论上进一步深化了全球化概念，

① Roland Robertson, Frank Lechner. Modernization, Globalization and the Problem of Culture in World-Systems Theory [J]. Theory Culture Society, 1985, 2(3): 103-117.

② 中共中央马克思恩格斯列宁斯大林著作编译局:《马克思恩格斯文集》(第1卷),北京:人民出版社2009年版,第520页。

③ 中共中央马克思恩格斯列宁斯大林著作编译局:《马克思恩格斯文集》(第1卷),北京:人民出版社2009年版,第541页。

他从“现代性”方面来看待全球化的过程，认为全球化是现代性的根本性后果，“全球化不是一个单一的过程，而是各种过程的复合，这些过程经常相互矛盾，产生冲突、不和谐及新的分层形式”①。罗兰·罗伯逊从1960年初开始关注全球化，他强调全球化不仅是经济问题、政治问题或者社会问题，更是文化问题。文化的因素比人们想象的要重要得多，甚至在一定程度上可以说，一切国际政治都是文化的，我们正处在一个全球范围内的“文化政治期”②，这也是“文化全球化”概念提出的开始。乌尔利希·贝克在专著《什么是全球化》中针对“全球化”的定义提出：

> 全球化描述的是相应的一个发展进程，这种发展的结果是民族国家与民族国家主权被跨国活动主体，被它们的权力机会、方针取向、认同与网络挖掉了基础……全球化指的是在经济、信息、生态、技术、跨国文化冲突与市民社会的各种不同范畴内可以感觉到的、人们的日常行动，日益失去了国界的限制。③

这是目前在西方世界较为流行的全球化的定义。总体而言，上述关于全球化的诸多阐释中存在的相似之处在于，强调全球化进程必然存在国与国之间在政治和经济上的互相依存，以及在文化和生活上的互相渗透，并且伴随着全球化的不断深入，这种相互联系和互相依存的程度不断增强。

全球化的定义有狭义和广义之分。狭义的全球化概念是从经济学的视角进行定义的，因此称为经济全球化，主要是指商品、服务、资本、信息、技术、贸易等在全球范围内的流动，导致世界各国之间经济往来相互依赖的程度加强。正如吉登斯所言，经济全球化“几乎延伸到世界的每一个角落”，并且“以一种非常深刻的方式重构我们的生活方式”④。然而，全球化并非一个单纯的经济现象，它不仅促使人类经济生活的空间发生深

① 安东尼·吉登斯:《超巧左与右——激进政治的未来》,李惠斌,杨雪冬,译,北京:社会科学文献出版社2003年版,第5页。

② 张汝伦:《文化视域中的全球化理论——罗兰·罗伯逊的全球化理论简述》,《复旦学报》(社会科学版),1996年第6期。

③ 乌尔利希·贝克:《什么是全球化》,法兰克福:祖尔卡姆出版社1997年版,第27-29页。

④ 安东尼·吉登斯:《失控的世界——全球化如何重塑我们的生活》,周云红,译,南昌:江西人民出版社2001年版,第2-4页。

刻变化，而且以前所未有的速度改变着政治、社会、文化等诸多领域，深刻地影响着我们的生活方式和社会文化模式，这正是广义的全球化的表述。在马克思的《共产党宣言》中可以找到相应的描述，“一切国家的生产和消费都成为世界性的了……物质的生产是如此，精神的生产也是如此。各民族的精神产品成了公共的财产。民族的片面性和局限性日益成为不可能，于是由许多民族的和地方的文学形成了一种世界的文学”①，这正是对广义上全球化的发展进程的精准描述，即全球化不仅仅表现为经济的全球化，更表现为政治、文化等领域的“精神的生产”的全球化。

美国社会学家罗兰·罗伯逊提出的全球化定义对当前全球化研究具有重要意义，他认为，全球化不是单纯的经济问题、政治问题、社会问题或国际关系问题，而首先是一个文化问题，因为全球作为一个整体首先是一个社会文化系统②。随着信息化和经济的发展，不同国家和地区的人民之间的接触愈发频繁，联系愈发紧密。在进入全球化时代后人类社会中不同文化之间的交流和碰撞不可避免，这不仅引发了国家之间激烈的文化竞争，更是创造了各种文化在全球化背景下大发展的机遇。一方面，需要看到，在这种文化的交流中，会产生各种文化价值的碰撞与冲突问题以及文化主权的争夺问题，“全球化所带来的生存时空上的不断压缩或延伸使文化主体之间的冲突正在呈日趋加剧状态，从而使民族国家的文化安全被推到突出的对立场中”③；另一方面，更应该看到全球化所带来的文化交流与融合之势，各国文化相互交流、融合与沟通。如何认识全球化时代的文化传播，如何开展全球化背景下的文化传播是必须认真思考的问题。

二、对外汉语教学

“对外汉语教学”中的“对外”主要是用来概括中国与其他国家的交流。“对外”包含了众多类型的国内与国外之间的互动，而汉语教学是其中的重要组成部分之一。“对外汉语教学”这个名称自产生以来，随着社

① 中共中央马克思恩格斯列宁斯大林著作编译局马列部：《马克思主义经典著作选读》，北京：人民出版社1999年版，第37-40页。

② 转引自汪田霖，吴忠：《全球化与文化价值观》，《学术研究》，2002年第6期。

③ 李金齐：《全球化时代的文化安全研究》，北京：中国社会科学出版社2008年版，第3页。

会的发展和相关理论研究的不断深入，其内涵经历了较大变化。《中国大百科全书·语言文字》中将对外汉语教学看成是“对外国人的汉语教学”，这一名称虽然至今还在沿用，但可以看到其随时间演化的清晰轨迹。1987年我国成立“国家对外汉语领导小组”，很多大学开始设立对外汉语专业。1994年底，中国对外汉语教学学会在北京召开“对外汉语教学的定性、定位、定量问题座谈会”，会上曾对该名称作过明确的说明：它既是一项事业的名称，也可以指一种工作或职业的名称，还可以是一个专业的名称，一门学科的名称。就像对外汉语教学界的前辈吕必松先生所说的那样：“对外汉语教学是一个词语，应该整体使用。”正是基于这样的理解，我们这样来定义“对外汉语教学”，即：在中国境内针对外国人的以课堂教学形式展开的汉语教学，由于其目的性与对象的不同，其自身拥有独特的教学目标、教学手段和教学过程。

可以看到，“对外汉语教学”最初指的是在中国境内开展的“对外国人的汉语教学”，但随着中国影响力的不断增强，学习汉语的人数也在相应增加，在国外也出现了大量的汉语学习者，该名称则发展为不管是在国外还是在国内，只要将汉语作为第二语言的教学都可以称为“对外汉语教学”。事实上，国外的汉语教学如果以“对外”开头并不太适合，因此“对外汉语教学”在不同的国家被赋予了不同的称谓，如“中文教学”（美国）、“中国语教学”（日本）、“华文教学”（东南亚），等等。正是基于这种现实状况，教育部在2012年修订《普通高等学校本科专业目录》时，正式将“对外汉语”更名为“汉语国际教育”。当前研究者对二者多有混淆，因此，在这里我们对整个对外汉语教学的发展历程做一个简单介绍，从而明确两者的区别。

对外汉语教学是一个动态的、发展的、客观存在的历史过程，作为一种新形式的教育也存在着一个较长的发展历程，因此，对外汉语教学不但作为一种教育事业而存在，同时也作为一种学科而存在。这里需要区分“对外汉语教学”“国际汉语教学”和“汉语国际教育”三个名称。21世纪的汉语教学有比较大的发展和变化，有人说是从“请进来”变成了“走出去”。此前是把外国学生从国外请进来，教他们汉语，现在是派遣大量的汉语教师和志愿者到海外去教汉语。这时我们就会面临一个棘手的问题，即是否将“走出去”的这种教学活动继续称为“对外汉语教学”。保持原有的名称显然是不妥的，因此有人建议将其改称为“国际汉语教学”。然而，将国内一直持续开展的“对外汉语教学”直接改称为“国际汉语教学”，似乎也不是十分妥当。“国际汉语教学”具有三个特点：第一，教学环境，“国际汉语教学”的环境是国际的，即非汉语的；第二，教学对象，“国际汉语教学”的教学对象一般是中小学生，所以教学对象是以青少年和儿童为主的；第三，在中小学开设汉语课程主要依据所在国家和地区的国民教育政策，所以，这种汉语教学是包含在某国的国民基础教学体系中的。因此，这与在大学开展的面向留学生的“对外汉语教学”有着明显的差异。从教学过程角度出发，“对外汉语教学”和“国际汉语教学”存在三大不同，即它们展开教学所在的语言环境不同，它们面对的教学对象的主体不同，学习者的文化背景也往往不同。从教学目标来看，两者之间的差别更为巨大，“对外汉语教学”最初的教学目标是大学预科教育，而“国际汉语教学”主要是基础教育中的外语教学，二者之间的唯一相同之处，就在于它们都将汉语作为二语的教学。

再来看看“汉语国际教育”与“对外汉语教学”之间的关系。从起源来看，汉语国际教育包含着两个前后相连并在后期高度重合的方面：对外汉语教学和汉语国际教育，这两个学科始于不同的出发点，但是在我国经济社会发展过程中两者又自然而然地融合为一体。对外汉语教学起步较早，在多年的教学实践研究过程中，其早已经从一项事业发展成为一门学科，但随着我国改革开放的不断深入及国际交往的增长，其所属范围早已不能满足客观需求，因而在其基础上又催生出“汉语国际教育”这一学科，其特指在海外把汉语作为外语的教学活动。学者孙德金认为：“关于对外汉语教学，应分清两个概念，一是作为一项事业的对外汉语教学，一是作为一个学科的对外汉语教学。”[①] 根据北京语言大学校长崔希亮教授的观点，“用‘对外汉语教学’来指称‘在国内对来华留学生进行的汉语教学’，用‘汉语国际教育’指称‘在海外把汉语作为外语的教学’”[②]。崔希亮教授还认为：“‘汉语国际教育’这个名称诞生的背景是独特的，它

① 孙德金：《五十余年对外汉语教学研究纵览——〈对外汉语教学研究论著索引〉编后》，《语言教学与研究》，2009 年第 2 期。

② 崔希亮：《对外汉语教学与汉语国际教育的发展与展望》，《语言文字运用》，2010 年第 2 期。

与孔子学院事业的发展有伴生关系。”[①] 学者张旺熹也认为：“汉语国际教育”更强调国际视野与国际背景，即把汉语教育这件事情更多地放在学习者所在的母语环境中去做，而不同于“对外汉语教学”更多地是从中国的视角出发，把外国学习者招收到中国来所进行的汉语和文化教育。因此，可以看到，本书中所提到的来华留学生的汉语教学亦指对外汉语教学。目前，世界各地的留学生来到中国学习汉语，各国加大对汉语教育的重视程度，对外汉语教学成为沟通中国和世界各国的重要桥梁，并为中外友好交流事业做出了巨大的贡献。

我国对外汉语推广教育的发展主要分为三个阶段：

第一，起步阶段。20 世纪 50 年代初中国的对外汉语教学事业开始起步。中国政府曾在 1950 年 7 月于清华大学设立东欧交换生中国语文专修班，周培源先生为第一任班主任，吕叔湘先生为副班主任。该班第一年只有来自东欧的 33 名留学生，这是新中国成立以后第一个专门从事对外汉语教学的机构。由于处于两大阵营冷战时期且中国所采取的“一边倒”的外交战略，我国的对外汉语教学仅局限于社会主义阵营以及亚洲、非洲、东欧的一些友好国家。1952 年该机构并入北京大学，并改名为北京大学外国留学生中国语文专修班。1960 年 9 月北京外国语学院成立了专门接收非洲留学生的非洲留学生办公室，当时接收非洲留学生约 200 人。1962 年北京大学的中国语文专修班与北京外国语大学的非洲留学生办公室合并，再加上出国留学预备部，北京外国语学院外国留学生办公室成立，这是新中国成立以来第一个专门从事对外汉语教学的机构。1964 年经国务院批准更名为北京语言学院，即今天的北京语言大学的前身，这也是中国政府建立的唯一一所以来华留学生语言教育为主要任务的高等学府。20 世纪 70 年代，新中国外交随着世界政治形势的变化出现了重大转折。1971 年，我国在联合国的合法席位得以恢复，1972 年，美国总统尼克松访华，1973 年 12 月 18 日联合国大会第 28 届会议一致通过将汉语列为大会和安理会的工作语言之一。这些都标志着国际社会对中国国际地位的肯定，随着中国国际地位的大幅度提升，许多国家纷纷主动要求通过外交途径向我国派遣留学生，在当时一股强劲的“中国热”逐步形成。

---

① 崔希亮：《关于汉语国际教育专业的学科定位问题》，《世界汉语教育》，2015 年第 3 期。

第二，飞跃发展期。中国的改革开放政策是对外汉语教学事业飞跃发展的关键原因。1978 年 12 月 8 日，党的十一届三中全会拉开了中国改革开放的序幕，中国自此迈开了中华民族伟大复兴的步伐，并逐步成为具有重大影响力的经济大国和政治大国。随着改革开放政策的进一步实施和深化，贸易、教育及社会文化交流等迅速发展，来华学习汉语的留学生和开展对外汉语教学的院校数量随之快速增长。虽然从 1951 年至 1978 年的近三十年中，留学生的人数增加了几十倍，但实际上人数仅是从几十个人增加到四百多人，而从 1978 年到 20 世纪末的二十多年里，来华留学生就激增至四万多人，是 1978 年的一百倍。除了人数的变化，中国对外汉语教学还有着更为深层次的变化。一方面，来华留学生的学习层次稳步提高，生源结构发生了根本变化。以中国某民族大学为例，基于最近几年的调查，到该校学习汉语的留学生已由非洲、东欧少数几个国家为主到遍布世界二十多个国家和地区，其中韩国、法国、西班牙、巴基斯坦、埃及、俄罗斯、哈萨克斯坦、乌克兰等国家来华留学生数量增长最快。另一方面，来华留学途径相应的多样化。除了继续通过政府协议交换以外，政府还支持一些有资格获得政府奖学金的高等院校直接与国外发展学术组织交流，接收由国外实业机构或友好团体派遣的自费留学生。面对来华留学生数量猛增的状况，1983 年北京语言学院开设了对外汉语教学本科专业，专门培养对外汉语教师，从此，对外汉语教育有了真正“科班”出身的教师。1987 年国家成立对外汉语教学领导小组，统一领导全国的对外汉语教学工作，至此，对外汉语教学事业走上了有计划、有目标、有组织的发展道路。

第三，海外扩张期。进入二十一世纪以来，随着汉语迈向世界步伐的大幅度加快，汉语教学事业又进入了新的发展时期。以往在中国语境下的“对外汉语教学”已经不能涵盖世界范围内蓬勃发展的汉语教育。我国以接受外国留学生学习汉语为主的对外汉语教学，正以积极的姿态参与并融入国际汉语教育发展和建设这一巨大的洪流之中，并成为其重要的组成部分。我们不仅在国内开展汉语教学，也在国外建立教学基地。2004 年开始，在中国国家汉语国际推广领导小组办公室（简称“汉办”）的支持下，孔子学院在世界各地广泛建立，2005 年 7 月，中国国家汉办在首届世界汉语大会上正式提出“汉语国际推广”的名称，开始了从对外汉语教学向汉语国际推广的转变。

本书所讨论的对外汉语教学是在国内高校实施的，是在汉语环境下开展的，书中所涉及的是在国内从事汉语教学的教师，教学对象多半是成年人，他们来自不同文化，来自不同国家，多半是按照汉语水平在不同课堂学习汉语，并不涉及海外的国际汉语教学，它符合“对外汉语”这一概念在中国语境下提出的“国内针对外国学生的对外汉语教学”的初衷。当然，由于当下汉语国际教学与汉语国际教育之间的界限日益模糊，本书所述理论亦可应用于汉语国际教育，并与他国教学实践相联系，有助于在国外现实语境下推广汉语教学以及中国文化的对外传播。因此，在讨论国内高校的对外汉语教学情况时，相关理论也适用于国外学生的汉语学习及孔子学院的相关情况，本书对这些内容会加以一定的讨论。

三、“1＋1＋5”教学体系

20 世纪 80 年代以来，我国高校的教育国际化趋势随着全球化浪潮的愈演愈烈而越发显著，它不仅是经济全球化的必然结果，也是高校自身改革与发展的内在要求。在为经济全球化提供人才资源和智力支撑以及汉语国际推广、传播中国优秀文化等方面，高等教育国际化具有重要的现实意义。而高校中的对外汉语教学是达成此目标最直接的途径之一，它强调以汉语语言的理解和运用为核心，整合中国丰富多彩的文化资源，以适应外国学习者的学习需求为依据，为具有不同文化背景的来华留学生创造汉语学习和交流、理解中国文化的机会，最终实现中华文化的对外传播。为达到这一目标，笔者提出建构全球化视域下我国高校对外汉语教学文化传播的“1＋1＋5”培养模式，即秉持一个统一的核心，一个共同目标，并从五个“教”“化”面（原则）来推动其发展。具体而言，我国高校对外汉语教学必须以汉语言文字教学为核心，以跨文化能力培养为目标，并从教师队伍全面化、教程设置模块化、教学方法灵活化、教材设置对象化和教学实践合作化五个方面来具体实施。

这一培养模式首先是针对当前对外汉语教学的困境提出的。美国语言学家爱德华·萨丕尔（Edward Sapir）提出，“语言有一个底座……语言也不脱离文化而存在，就是说不脱离社会流传下来……”，“语言的背后有东西，而且语言不能离开文化而存在”①。语言本身就是文化的载体，而文化又依存于语言，两者水乳交融，但实际上，在当前的教学体系之下，各国的语言教学都是注重语言本身而忽视文化。这一弊端在我国高校的对外汉语教学体系中仍然存在，语言教学是绝对的主体，汉语语言知识的传授和汉语语言技能即汉语听、说、读、写技能的训练是教学重点，文化教学的地位则被边缘化了，对外汉语教学在中国文化的推广与传播中的作用尚未有效发挥，课程设置也呈现出过于强调语言目标的取向。毫无疑问，汉语语言文字的教学应该是对外汉语教学的核心，但鉴于语言与文化之间相依相存的关系，在语言教学过程中必须将文化的教学纳入教学体系，并与汉语的语言教学相辅相成，相互促进，同时重视来华留学生对中国文化的感受，培养留学生的跨文化能力，增加其向其所在国家人群传播中国文化的机会，从而推动文化之间的交流和认同。

除了“1＋1＋5”体系中的“1＋1”，即必须秉持一个统一的核心汉语言文字教学，一个共同目标跨文化能力培养，还必须从五个“教”“化”面（原则）来帮助解决教学传播中存在的其他问题，如教师队伍建设、课程设置、教学方法、教材以及教学实践等，推动教学中的文化传播进程。

比如说教师队伍建设的问题。教师队伍建设是培养体系的前提，全面化是教师队伍建设必须遵循的原则。全面化体现在知识结构和能力结构两个方面。在我国高校从事来华留学生汉语教学的教师首先必须具有较好的汉语言文字学功底及与汉语教学密切相关的其他方面的知识，如中外文化知识等，其次要有较好的跨文化能力。目前我国的对外汉语专业研究生培养还是将语言学习相关理论作为主要内容，教学法和教学实践方面的课程在教学体系中的占比不过五分之一，这样的培养体系很难让学生在毕业时达到对外汉语教师的标准。另外，现在很多教师在教学的实际过程中只将文化教学作为点缀，对茶、瓷器、功夫、脸谱等文化进行简单介绍，忽略文化的深层意义和当代价值，甚至还有的教师无法将语言和文化有机融合，这都需要日后在对外汉语教师培训上下功夫，实现教师队伍建设的全面化。

① 爱德华·萨丕尔:《语言论:言语研究导论》,陆卓元,译,北京:商务印书馆1985年版,第196页。

再比如说课程设置和教材设置的问题。随着中国在当前全球化的过程中角色的改变，相关教材也需要随之调整。教学课程的设置是保证对外汉语教学中国际汉语人才培养目标实现的基础。针对我国高等院校的具体情况，可以采用模块化的教学体系，并逐步形成专业课程、跨文化课程及实践课程三大模块。专业课程要充分考虑到汉语言的专精深，跨文化课程要考虑到对中国传统文化常识理解的泛广博，实践课程的终极目的是让留学生在社会实践之中亲身经历和感受中华文化，并能够无障碍地进行各项社交活动，还能够借助武术、书法、绘画、音乐、舞蹈等传统文化来推广中国文化。通过教学课程的模块化设置，实现留学生对中国语言及文化从广度到深度全方位的掌握。再来看看教材的设置。当前对外汉语教材的设置必须对象化，这有利于提高国际汉语人才的培养效果。当前的对外汉语教材很难满足汉语国际推广的目标，当前对外汉语教材过于注重培养能够熟练应用汉语的人才，部分教材虽然开始的单元比较简单，但后期难度过大，这不利于激发留学生的学习热情。此外，目前来华的留学生往往被称为“新千禧”一代，与之前的学生相比，他们更注重网络渠道的信息获取，而我们目前的教材并不能贴近留学生的日常生活。同时适合来华留学生学习的文化类教材也寥寥无几，而能够在教材编写中将语言与文化有机结合的汉语综合类教材就更少了。综上，对教材的编写一方面要体现“以学生为本”的精神，以留学生的特点及文化背景为突破口，尊重学生母语文化和目标语言文化的差异，注意两种语言文化的关联和比较，突出跨文化交际的功能和目标，另一方面，教材编写上要增强中外对比，特别是中外文化对比。

还有教学方法的问题。教学方法的灵活化是对外汉语教学文化传播效果的有力保障。目前国内对对外汉语教学模式的讨论都是一边倒，有的学者赞成以语言教学为主导，有的学者支持以文化教学为主导，笔者认为，对外汉语教学应同时以这两者为支柱，不应该有所偏颇，将培养学生的语言能力放在核心位置，以文化教学作为目标，同时培养留学生的跨文化能力。本书中所讨论的传播学“5W 模式”理论，正是体现“1＋1＋5”这一教学传播模式的理论基础。但由于人力、物力有限，该模式至今还在理论构建中，并没有全部投入到实践教学中，因此配套的教材、大纲、测试、教师培训模式等并没有能够完全开展起来，但其中相关的原则是可以确立下来的。在教学中，我们应灵活运用多种教学方法，如模拟实境和角色扮演。模拟实境，即通过模拟异文化的社交场合，让学生获得跨文化交流体验；角色扮演，即由教师或学生扮演角色，在特定的场合开展一系列对话或活动，尽可能为学生创造出一个接近异文化的环境，帮助他们从中获取异文化的知识和体验。

最后，还有教学实践的问题。教学实践环节是对外汉语教学文化传播体系中关键的一环，比如可采用校企联合这种合作化的方式具体实施，即国内高校可以加强和社会各界包括各类外资企业的密切联系，为留学生创造诸如为合作企业中的外国人进行汉语培训或者翻译等实践的机会。

这里还必须提到影响教学传播效果的三大因素。第一，教学内容。对外汉语教学是将汉语作为第二语言的教学，按照谱系关系划分，汉语属于汉藏语系，与世界上其他语言的谱系关系较远，再加上它的发展历史十分漫长，文化积淀相当深厚，因此它所体现出来的语言特点和文化信息与其他国家特别是西方国家差异比较大，容易引发语言学习上的问题。第二，教学对象，即来华留学生自身的情况。对外汉语教学的对象是一个特殊的学习群体，他们往往来自不同国家、不同地区、不同民族，这些具有迥异文化背景和母语特征的留学生在接触汉语之前早已经在母语文化环境中形成了稳定的思维方式和认知风格，因而在汉语学习的过程中，根深蒂固的母语文化影响会让留学生对中国文化产生不同的理解，甚至因此产生文化冲突和文化偏见。不得不说，对外汉语教学的课堂上坐着来自不同国家的留学生，就如同多种文化交织在一起的“小联合国”。第三，课堂教学内容的安排问题。现今能够全面反映中国文化的历史、传统和观念的教学体系尚未构建起来，在教学过程中肢解文化的现象十分明显，很多仅是以孤立的形式反映部分中国文化。这些文化内容往往只是作为一个点缀零星地分布在语言形式当中，或只是在解释文化现象，而未考虑学生内部的文化冲突，这会极大地削弱留学生的学习积极性。文化理应纳入对外汉语教学体系，从而使教学过程中反映出语言和文化相结合的特性，进而实现中华文化的对外传播。然而，当前对外汉语教学主要采用以语言教学为主要内容的教学模式，在实际教学中忽略了文化教学，即使在课堂上有些许文化的讲解，但是教师对于文化内容随意发挥，不仅没有很好地、系统地传达文化背后的传统和观念，反而有灌输文化知识的倾向，这种站在本国文化的立场讲解文化的做法容易导致留学生在汉语学习中时常产生文化理解上的障碍，反倒不利于他们理解和认同中国文化，从而达不到文化传播的效果。

跨文化，简单地说就是不同文化之间的交流与传播，主要包含跨文化交流和跨文化传播两种形式。跨文化交流主要指人际传播层面的跨文化，它是指“来自不同文化背景的人们相互交流的一种情境”[①]。跨文化传播多指大众传播层面的跨文化，即处于一种文化中的媒体向另一种文化中的受众进行传播，“文化是对话，是交流思想和经验，是对其他价值观念和传统的鉴赏”[②]。由此来看，汉语国际推广的目标绝不仅仅是一种语言的推广，它既包含跨文化交流，也包括文化的对外传播，因此作为语言文化推广重要手段之一的对外汉语教学在跨文化交流过程中还承担着传播中华文化的重担。特别是当前的全球化成为我们对外汉语教学的重要视域，这为跨文化教育带来了前所未遇的发展机遇。通过对外汉语教学推动汉语国际推广，从而让全世界领略中国源远流长的文化，了解中华民族的核心价值观念，这是一项关乎整个中华民族伟大复兴，关乎构建人类命运共同体的伟大事业。如何处理语言教学和文化教学的关系，如何使两者有机融合，互相促进，共同发展，如何构建立体而全面的对外汉语教学体系，实现中华文化的对外传播，正是本书要讨论的一个十分重要而迫切的问题。

近年来，世界各国文化“软实力”的竞争变得更加激烈，为实现中国梦以及中华民族伟大复兴，中国必须参与这场文化“软实力”的角逐。如美国俄亥俄州立大学教授奥代德·舍恩卡尔所言，在这场角逐中获得胜利的方法之一就是传播它的语言和文化。因此，汉语语言和文化传播必然将成为中国“软实力”建设的重要组成部分。事实上，世界上不少国家一直将文化和教育交流视为增强全球影响力和政治利益的有效砝码，尤其是以美国为首的西方发达国家很早就将接受和培养外国留学生特别是高层次留学生作为其全球战略的重要组成部分。相对而言，中国在这方面起步较晚，那么对于中国而言，如何更为快速而有效地传播和发展中国文化，如

① 拉里·A. 萨默瓦，理查德·E. 波特：《跨文化传播》，闵惠泉，王纬，徐培喜等，译，北京：中国人民大学出版社 2004 年版，第 4 页。

② 欧文·拉兹洛：《联合国教科文组织国际专家研究报告：多种文化的星球》，戴侃，辛未，译，北京：社会科学文献出版社 2004 年版，第 205 页。

何让中国文化在他国落地开花，如何向他国展现中国文化的软实力，这都是值得探讨的重要问题。虽然孔子学院巨大的成功已经证明了汉语国际教育在推动中国文化传播的巨大作用，但最近其所遇到的一些问题不能忽视。国内的对外汉语教学更应该作为对外文化推广的重要阵地，如何借助这一阵地全面推进对外汉语教学的发展，使其继续成为推动中国和中华文化走向世界的重要手段为研究者们广为关注。这不仅可以让世界各国更为全面地了解中国灿烂的文化传承，更能让其目睹改革开放四十多年来中国日新月异的变化，因此探讨全球化视域下的对外汉语教学文化传播具有十分重大的意义。

第二节　研究现状

一、国内研究现状

最近十年来，国内关于对外汉语教学的相关研究逐步深入，研究内容颇为广泛。据此，我们首先以“对外汉语教学”为主题，以 2014 年至 2018 年这 5 年为时间段，通过“中国知网全文数据库”“中国硕博论文全文数据库”这两大数据库，经过层层筛选，最后获得的数据如下（见表 1-1）。

表 1-1　2014 年至 2018 年研究“对外汉语教学”的期刊论文、硕博论文统计

类别		数量（篇/部）
对外汉语教学	期刊论文	4021
	博士论文	89
	硕士论文	9782

整体而言，2014 年到 2018 年间，国内学界关于对外汉语教学的研究不断增多，研究成果数量总体呈增长趋势。

从期刊成果的发表年份来看，2014 年期刊论文 805 篇，2015 年 776

篇，2016 年 828 篇，2017 年 779 篇，2018 年 833 篇，因此这几年的研究成果是相对持平的，如图 1-1 所示。

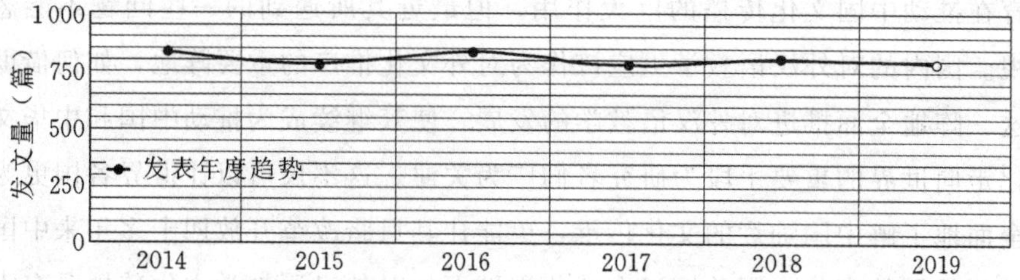

图 1-1　2014—2018 年关于“对外汉语教学”的期刊论文数量

鉴于以往学者们对汉语国际教育和对外汉语教学所做的重要区分，为了更清楚、准确地看到对外汉语教学研究的具体特征和内在问题，笔者仅选择了与本课题相关的八个方面为主题进行归类（不再将汉语国际教育放入成果统计的范围），即“对外汉语教学中的汉语语言教学”“对外汉语教学中的文化教学”“对外汉语教学中的跨文化能力培养”“对外汉语教学中的师资建设”“对外汉语教学中的教程设置”“对外汉语教学中的教学方法”“对外汉语教学中的教材编排”“对外汉语教学中的教学实践”，通过“中国知网全文数据库”对有关对外汉语教学的期刊成果进行具体统计，发现在这 4 021 篇的期刊论文中，探讨了以下相关主题，包括对外汉语教学中的汉语语言教学、对外汉语教学中的跨文化能力培养、对外汉语教学与文化对外传播关系、对外汉语教学中的师资建设、对外汉语教学中的教程设置、对外汉语教学中的教学方法、对外汉语教学中的教材编排、对外汉语教学中的教学实践及一些综合性的有关教学和其他难以分类的课题。

（一）对外汉语教学中的汉语语言教学

汉语语言教学是对外汉语教学研究的主体，过去关于此类研究成果主要集中在汉语本体类论文，特别是纯汉语本体类论文比重极大，而教学理论和方法类论文却出现了下滑态势。但近几年来，学界将二者进行结合，出现了大量对外汉语教学方向的汉语本体类论文。

其中有很大一部分论文集中于汉语词汇的教学。牟世荣在论文《副词“倒”的语义语用探析及对外汉语教学策略》中，从对外汉语教学的角度梳理了副词“倒”的语义语用功能，认为表对比和肯定是其两个基本语义，表对比义分为凸显、反预期和转折三种情况，并基于相关的统计分析提出了“倒”的对外汉语教学策略，即在内容上应分层次、分阶段，应从浅显的语义切入，注重其隐含语境的还原和固定结构的利用。黄晓红则对语气副词“反正”的教学进行了研究，在其论文《语气副词“反正”的使用环境及其教学问题研究》中提出，“反正”是一个常用但外国学生却不容易掌握、使用时常出错的词，其原因在于工具书在解释上的误导以及教材中词语对译的局限性。为此，论文在重新认识“反正”的特性的基础上，从“反正”句“可变因素”的类型出发，研究了这一副词的三种主要使用环境：情状不明型、无关紧要型、劝慰选择型，并从教材编排和教学步骤与方法上针对教学提出了一些具体策略。岳岚在论文《19世纪西方人对量词的认识与量词教学》中，认为19世纪西方人在汉语学习过程中对汉语中特有的词类量词就已经有敏锐的感知，并在其编写的汉语教材中对量词着墨较多，或从数量或从类别角度给量词命名，并对量词的分类和用法进行了更为详细的说明，西方人对于这些量词的学习对当今的对外汉语教学具有借鉴意义。骆健飞认为在对外汉语词汇教学中，词汇的语义内容、语法功能、语用环境以及文化内涵等是需要教师重点关注的问题。基于韵律语体语法的新视角，他对汉语的单双音节同义动词进行了全面考察，语义上，与双音动词相比，单音动词有较强的时空特征；语法上，双音节动词不能带单音节宾语并具有名词特征；语体上，常用的单音动词口语性较强，而相应的双音动词书面语特征较强。他认为，可以从这些特点进行新的教学尝试。陈琳、王琳莉和吴门吉采用实验方法探讨了对外汉语词汇教学中语义相关教学与语义不相关教学的效果，以及语义相关与语义不相关词汇教学在对外汉语学习中的作用。他们在研究过程中共选取32个汉语名词，分别来自蔬菜、家电、动物和身体器官四个语义类别，每个语义类别各有8个词。在语义相关组中，根据每个语义类别编写了4个故事作为学习材料。在语义不相关组中，从每个语义类别中各随机选取2个词，编写4个故事作为学习材料。两组学习者每学完一个学习材料，分别进行一次即时和延时后测，后测包括再认测试和回忆测试。实验结果显示：两种词汇教学方法在即时和延时再认测试上存在显著差异，语义不相关的词汇教学更能促进初级汉语学习者的词汇学习。吴迪龙、常晓丹和熊宇仙通过简要分析对外汉语成语教学现状，强调成语教学在对外汉语教学中的地位，总结了当前来华留学生使用成语的偏误，如历史典故不明而导致的词汇空缺、文化背景不同而导致的理解偏误及交际文化应用不足而导致的使用偏误，并运用跨文化交际学理论分析跨文化交际学在对外汉语成语教学中的体现形式，探索出三种基于跨文化交际学的对外汉语教学方法，即来源讲解法、文化对比法和情景教学法，从而有效地将语言教学的基础层次和文化教学的高级层次有机结合起来，以培养留学生更高的汉语水平及更强的跨文化交际意识。还有部分从 HSK 词汇出发进行的研究，金善娥和辛承姬以《新 HSK 词汇大纲》中所出现的形声字与其声旁字为考察对象，分析声旁家族及其一致性，并基于汉语水平提高、对声旁家族的认知就会增强的前提，探讨利用声旁家族之间的一致性来进行对外汉语形声字教学的具体步骤和原则，提出适用于对外汉语形声字教学的建议。皇甫素飞和郭筱旭以北京语言大学 HSK 动态作文语料库中的一些语料为基础，考察留学生在使用“终于”“从来”“曾经”“向来”和“一向”等五个表过去类的时间副词时所产生的偏误，分析产生这些偏误的原因，并提出了一些具有针对性的教学策略，如语境教学、对比分析、练习等，旨在为时间副词的教学提供借鉴。周明强在《对外汉语视角下的新词语教学》中将复杂的新词语从内容上分为社会生活新词语和文化观念新词语两大类，它们随社会的发展变化而产生，随社会生活的丰富而纷繁多样。针对人们在使用新词语时力图凸显其语言形式“新”和内容“新”的特点，在对外汉语教学中，可以根据新词语在类型和形式上的特征，采取有效教学策略，如分清主次、揭示规律、突破难点、结合语境、比较差异等。陈颖在论文《从汉民族思维特点入手谈对外汉语教学中的字词教学》中认为，汉字与汉语词在构造上有着共同的深层机制——汉民族的思维特点，即汉民族的具象直观、整体性以及类属概念等思维惯式在语言及其文字上的反映，提倡从汉民族的思维惯式入手“衔接”汉字教学与词汇教学，具体方法有据象示意、整体意合，以分类的方式归纳类推字词含义。

也有全面针对对外汉语教学的研究，如李如龙在论文《汉语的特点与对外汉语教学》中初步叙述了汉语语音、词汇、语法的主要特征，在此基础上提出：第一，第二语言教学不仅应该重视语言应用的共性，更应该关注语言的个性特征；第二，要开展汉外对比，提取和贯彻汉语的特征是改革对外汉语教学的根本。文末作者提出在对外汉语教学中如何体现和贯彻这些特征的建议，即“在对外汉语教学中贯彻汉语的特征，不能照搬汉语特征研究的成果，讲求全面、系统、深刻、细致，也不能套用对特征的理论分析的专门术语，重要的是拿这些特征和留学生的母语进行比较，提取主要特征，确定汉语作为第二语言教学的重点和难点，然后在教学大纲和教材中精心安排，选用合适的、具体的语料（字、词、句），编入各类课文、练习、读物（包括文本和声像）、教学卡片、小词典中去，并在教学参考书中说明这些教学材料的教法和学法”①。

还有少量句式教学的研究，如吴建设和莫修云在论文《语言类型学视角下外国留学生的“把”字句习得研究》中提出，不同母语背景下汉语学习者“把”字句的使用情况有所不同，而语言因素在其中的作用仍不甚明晰。该研究通过图片产出任务、语法判断任务以及词汇产出量表分别测量了丹麦语、韩国语的汉语学习者的“把”字句使用情况，如“把”字句语法知识及其判断信心等，从而初步探索了语言类型与语言因素对汉语学习者“把”字句使用的可能影响及机制，此外还从语言类型学视角考察了上述各种因素之间较为复杂的关联。

（二）对外汉语教学中的跨文化能力培养

相比汉语本体方向的对外汉语教学研究，文化视角下的对外汉语教学研究成果较少。李泉和丁秋怀在论文《中国文化教学与传播：当代视角与内涵》中提出，语言教学的同时必须教授的是与语言理解和运用直接相关的交际文化。知识文化虽不是语言教学本身必须教授的内容，但有需要和有条件完全可以教授这类文化。作者认为，知识文化教学和教材编写中存在的问题是重古轻今。因此，论文强调知识文化的教学与传播应凸显当代视角和当代内涵，以满足学习者对中国文化的实用性需求，展现一个开放包容、文化多元的当代中国形象。刘学蔚在文化间性视角下讨论了对外汉语文化教学，认为文化间性在对外汉语教学从“单向的语言传授”到“以汉语为工具实现多元文化间的互动”的转向过程中起着重要作用。在文化间性的视角下反思对外汉语教学文化内容的导入和教学方法，有助于我们更好地处理语言教学和文化教学之间的关系。在基础阶段的教学活动中，

① 李如龙:《汉语的特点与对外汉语教学》,《语言教学与研究》,2014 年第 3 期。

教学者需引导和鼓励学习者在课堂语言操练中领悟文化，在课下体验和实践文化；到了高级阶段，教师和学生之间倘若想进行深层次的文化对话更是离不开关联的寻找和关系的建立，并在这个动态过程中时刻注意意义的生成与重组。

也有学者将对外汉语教学置于“全球化”背景之下，进而借助文化视角来研究对外汉语教学。如杨达认为，新中国成立之后，我国逐渐将文化因素导入对外汉语教学，但教学实践中至今仍然面临中华民族文化对外传播的诸多困境，这成为我国软实力构建值得关注和突破的重要一环。其论文《基于中华民族软实力构建的对外汉语教学探析》中首先叙述了我国对外汉语教学中的文化参与演进，然后以孔子学院为例，剖析了我国对外汉语教学的文化传播的现实困境，最后提出基于中华民族软实力构建的对外汉语教学的文化传播对策，应集中为以对外汉语教学双重目标突破现有的单一目标、以清晰的文化教学表述突破“文化霸权论”以及“文化威胁论”、以明晰的文化内容定位和新颖的教学和以“全球地方化”的理论逻辑指定对外汉语教学的文化传播战略，以此真正实现以对外汉语教学为载体推广中华民族文化，进而助力中国的软实力构建。此外还有学者从我国特色民族文化出发，如周清海从全球化的角度思考华文教学里的文化问题，集中讨论在全球化和现代化的环境下应该如何处理好华文教学里本民族的文化问题，包括华文学习与文化认同的关系、主流语言给文化认同带来的压力和保留华语区共同的文化认同以及如何减轻语言学习者的语言文化负担。论文认为，“为了减轻学习者的语言负担，放弃文言范文选读，结合文化需要，重新安排教材，恐怕是我们在面对全球化、现代化的情况下……的唯一出路”①。李宏亮在论文《中国少数民族文化与对外汉语教学》中认为，长期以来学界对少数民族文化在对外汉语教学体系中的独特价值认识不足。少数民族文化属于中国文化的组成部分，把其纳入对外汉语体系，可满足留学生对中国文化广泛了解的需求，有利于维护我国文化生态多样性，也有利于消除西方对中国在少数民族政策方面的误解，从而

① 周清海：《从全球化的角度思考语文教学里的文化问题》，《华文教学与研究》，2014 年第1期。

有效提高国家的软实力。最后，论文还提出从教学大纲的制订、课程设置、教材建设、师资培养等多个环节解决这一问题的应对策略，努力加强少数民族文化在对外汉语体系下的教学。还有论文提出对外汉语教学中，专门的文化课的开设可以更好地实现语言和文化教学的融合，培养留学生的跨文化交际能力。如张敏在论文《对外汉语教学中的茶文化课程教学设计探析》中，在对外汉语教学设计研究的基础上，提出开设茶文化课程的意义，重点介绍该课程的教学设计方案、教学对象与资源、教学目标、教学原则、教学内容的选择和编排、教学方法和教学评价等。

（三）对外汉语教学与文化对外传播关系

为了突出反映国内学界基于对外汉语教学与文化对外传播之间的关系的研究，笔者单独就这一点进行了文献的总结，可以看到，目前国内研究大都集中在如何通过对外汉语教学促进文化对外传播这一点上。如杨达在论文《基于中华民族软实力构建的对外汉语教学探析》中提出，面向中华民族文化传播的对外汉语教学至今在实践中仍然面临着诸多困境，是我国软实力构建值得关注和突破的重要一环。为解决相关问题，中国应积极探寻系统而有效的文化传播对策。蒋丽丽在论文《对外汉语教学中的文化传播研究》中，首先分析了对外汉语教学中文化传播的必要性，即消除文化负迁移，顺利进行跨文化交际，激发学生兴趣，提高教学效果。文中还阐述了文化传播的内容，提出了文化传播的方法，即课堂渗透法、课外体验式实践法、文化专题展示法、营造文化氛围法，并对文化传播进行了深入思考。李小珊在论文《对外汉语教学中的中国文化传播》中，剖析了当前我国对外汉语教学中的中国文化传播在教学意识、教师能力、教材编写、教学方式等方面存在的许多问题，并提出了相应对策。李贞提出，对外汉语语音教学中，教师同样要注重引导学生理解和领会现代汉语语音的中国文化意蕴，让学生体会汉语言文化之美，乐于传播汉语言文化，在汉语交际和传播中更加精准、自如和生动。夏红星和邓春慧剖析了对外汉语教学中的语言教学与文化传播之间的关系，提出可以根据教学目的和教学内容的需要，在语言教学中适时适度地渗入文化因素的传播，这样能够有效地激发留学生语言学习的兴趣和热情，提高语言教学效果，同时也能增加文化传播的深度和广度，达到事半功倍的效果。余红艳在论文《对外汉语教学与民俗文化国际传播》中提出，民俗文化是民众创造的民族文化精华，是国家文化软实力与国家形象的重要载体之一，对外汉语教学属于跨文化语境下的教学活动，而民俗文化则是跨文化交际的前提，因此，对外汉语教学既需借助民俗文化来开展相关教学活动，同时，其本身也是对外传播民俗文化的重要窗口。对外汉语教学可以充分利用课堂内的民俗知识讲授与课堂外的民俗体验，深入传播中国民俗文化。原绍锋结合自己多年在海内外从事汉语教学的实际经验，采用具体教学案例，就如何巧妙地将语言教学和文化渗透相结合，如何丰富课堂教学内容，如何增强课堂教学效果等一系列问题做了深入探讨，在如何通过对外汉语教学渗透文化传播方面提供了有益的启示。

此外还有论文讨论了当前国家战略下的对外汉语教学，如陈宇鹏认为，随着中非贸易的发展，有越来越多的非洲人来华交流和学习，汉语学习成为非洲国家来华留学生的重要学习内容。来华非洲留学生不仅是汉语的学习者，也是文化的传播者，因此，在对外汉语教学过程中应注重中华文化的传播，并相应地强化实践教学，优化教学体系。

（四）对外汉语教学中的师资建设

要发展好对外汉语教学事业，首先要抓好师资建设，师资力量是对外汉语教学发展的关键。师资建设作为我国汉语国际推广事业中极其重要的一环，在对外汉语教学中发挥着举足轻重的作用。相关代表性论文主要集中于对外汉语教师素质提高、对外汉语教师培训研究以及对外汉语教师本身语言能力研究等方面。王添淼和李周振对国际汉语教师与对外韩语教师资格认证制度进行了比较研究，从两国资格认证制度的兴起与发展开始，比较了两国资格认证的制定标准和管理机构，申请者资格和资格证等级划分，笔试、面试和获得教师资格证后的管理及培训诸多方面，结果发现，两国资格认证制度有共性，也有差异性，可以取长补短，互相借鉴。论文提出建立一个完善的、系统的国际汉语教师资格认证制度的五点建议，包括资格认证制度制定标准的科学性和权威性、管理机构的统一化和专业化、建立教师资格多级认证制度的必要性、考试题型多样化、对获得资格证教师后续管理和培养的系统性等。章欣和李晓琪认为，汉语网络教学模式的发展对教师培训提出了新的要求。综合素质、网络教学能力和专业发展能力是网络汉语教师应具备的专业素质。在此基础上搭设的培训模式应该重点提升网络教师的平台使用技能、在线授课技能与课件应用技能，同时指导教师对教学案例开展反思研究。他们认为，教师培训方面还可以进一步加强网络教学能力研究、教学反思培训以及在岗督导交流。刘弘、靳知吟和王添淼在论文《对外汉语课堂操练中教师等待时间研究》中提出，目前对外汉语教学界对于等待时间的研究还停留在统计等待时间数值上，缺乏深入的比较与分析。研究尝试通过比较 6 名对外汉语熟手教师和 6 名新手教师在课堂操练中的等待时间，探讨问题类型、教学经验与等待时间的关系。研究结果表明，课堂操练中，无论是在总体平均值上还是在不同类型的问题上，熟手教师的等待时间都要比新手教师的短，且熟手教师的等待次数也少于新手教师，出现这些差异可能与教师提问方式、问题本身的质量以及教师课堂应变能力有关。王治敏和王小梦以“口语训练与教法”课程为目标，以合作学习为指导，运用角色翻转与真实案例相结合的方式，讨论了“翻转课堂”方法在海外本土教师培训“口语训练与教法”案例中的运用。其论文《“翻转课堂”方法在海外本土教师培训“口语训练与教法”案例中的运用》认为，通过变化本土教师的角色，实现了汉语口语培训课堂到真实汉语课堂的切换，让本土教师在口语培训课中时时体验汉语课堂教师、学生等角色的关系，既可以让他们以学生身份体验参与口语课的感受，又能让他们以教师的身份参与教学环节的设计。通过各种互动、体验的实际训练，使本土教师在教学理论方面得到提升，同时还能学以致用，熟练运用第二语言教学理论指导自己的口语教学实践。

此外，还有针对当前对外汉语教学师资不足问题的研究。张宏国认为，我国对外汉语教育事业迅速发展的同时，出现了对外汉语教师师资严重匮乏与留学生学习汉语和汉语文化个性需求增长之间的矛盾，同时，现行的对外汉语专业本科生和研究生的实习和实践活动存在诸多问题。基于上述情况，论文提出可以借鉴美国大学研究生助教制的成功经验，探讨建立对外汉语教学学生助教制的政策、理论和现实依据，这是解决对外汉语学生实习指导教师缺乏的新路径[①]。

（五）对外汉语教学中的教程设置

近几年来，学者们也开始对对外汉语教学中的课程设置进行研究，这也是该学科体系中备受关注的部分。李泉教授在论文《对外汉语课程设置：总反思与再规划》中认为，对外汉语教学主干课程设置缺乏基于汉语汉字及其作为第二语言教学特点的考量，缺乏与当今中国社会语言交际常态形式的关联，建议适当压缩现有必修和选修课的课时，增设汉字课、汉语虚词课、汉语书面语课、全拼音口语课、地方普通话课、当地方言课。新的课程设置规划，可凸显汉字“字”“语”兼具的属性，提升并延伸汉字的教学地位和领域，拓展和加强汉语拼音的教学功能，重视汉语书面语的教学，彰显来华学习汉语的优势，拓宽语言学习和习得的范围。在李泉教授的另一篇文章中，他对普通话与当地方言进行了更为深入的研究，他认为可将地方普通话和当地方言学习看作是留学生的第二课堂。基于积极利用汉语环境资源，基于普通话、地方普通话和方言并存并用的常态，为了全面提升来华留学生语言综合能力的考量，建议改革现有的只教授普通话的总体设计，将地方普通话和当地方言作为辅助教学内容，开辟来华留学生汉语学习的第二课堂，将其纳入对外汉语教学总体设计中，形成“普通话—地方普通话—方言”，即“一主（70％普通话）二辅（20％地方普通话，10％当地方言）”的总体架构，以期更好地促进汉语环境资源的利用，增强来华留学生的汉语适应能力、交际能力和学习能力。文章还指出，实现这样一种教学内容的革新，关键在于更新教学观念。同时，李泉教授认为，在国内高等院校日趋国际化和国家建设“双一流”大学的新形势下，在汉语国际化程度还很低的现实背景下，汉语预科教育将迎来新的发展机遇。应大力加强预科教育的顶层设计研究，考虑建立预科教育这一专门用途学科。预科教育体系由通用汉语、专业汉语和专业基础（数理化等）三部分构成，三类课程设置及学时比例分别为70％、10％和20％。专业汉语类教材编写中，“专业词汇和专业知识”与“通用汉语”的比例

① 张宏国：《学生助教制：解决对外汉语学生实习指导教师缺乏的新路径》，《云南师范大学学报》（对外汉语教学与研究版），2016年第1期。

分别为30%和70%。专业汉语教材编写应注重科普化、趣味化和段落化，力戒学术化、理论化和知识化。

2013年起，教育部根据《普通高等学校本科专业目录（2012年）》和《普通高等学校本科专业设置管理规定》整合了“对外汉语”“中国语言文化”“中国学”等专业，设立本科专业“汉语国际教育”，这促进了研究者对汉语国际教育课程设置的思考。王淑华在论文《关于汉语国际教育本科专业课程设置的思考——基于〈普通高等学校本科专业目录和专业介绍〉（2012年）的讨论》中提到，在《普通高等学校本科专业目录和专业介绍（2012年）》将本科专业“对外汉语”和“中国语言文化”“中国学”进行整合并更名为“汉语国际教育”后，专业介绍内容也相应地有了较大的改变，在汉语为本、多语种为用、重视应用和实践三个方面表现尤为突出。论文提出，这些改变要求在课程设置上思考下列问题：将汉语国际教育专业的培养目标、要求和实践性环节落到实处，区别相近专业同名课程的教学内容，确定英语类课程在总体课程中的适宜比例，发挥学校或地域优势开设多语种课程。还有部分学者对课外的教学辅助材料进行了研究，如王鸿滨在论文《留学生课外汉语分级阅读框架体系建设构想——以经贸类材料为例》中提出，在对外汉语教学过程中，由于目前没有分级框架体系来帮助教师和学生选择课外读物，课外阅读几乎成为“盲区”，这直接影响到留学生汉语学习的兴趣和学习效果。研究认为，我国应借鉴国外分级阅读框架的做法，对分级阅读开展系统、科学的研究，制定科学的分级标准，把留学生的课外阅读尽快纳入对外汉语课堂教学体系之中，这将对留学生汉语水平的提高起到至关重要的作用。

（六）对外汉语教学中的教学方法

对于对外汉语教学方法的研究基本围绕三大板块：

第一，关于教学理论的研究。如孔令跃将汉语语块理论运用于对外汉语教学，他在论文《对外汉语教学语块研究述评》中首先从理论和实证两方面回顾并梳理了最近十五年的对外汉语教学语块研究，分析发现语块的心理语言学研究进展明显，但不同类型语块及其习得机制的教学与习得研究成果有限。论文不仅分析了目前相关研究中存在的问题和不足，也探讨了后续汉语语块教学研究可拓展的空间。郭继懋和陈爱锋在论文《二语教学应该重视表达取向的“基本形式”观》中提出了“基本形式”的概念和类型，论证了表达取向性教学的合理性和必要性，探讨了“基本形式”观下针对具有相同表意功能的语言点的教学方针。论文着重指出：词语间的差别具有不同的重要性，并非所有差别都是教学中需要教的。周健阐述了语感培养模式理念，并论证了汉语语感培养教学模式。其论文《试论汉语语感培养教学模式的确立》指出，对外汉语教学的目的是培养学生的语言综合运用能力，这种能力可以概括为学生的语感能力以及语感在语言交际中的核心作用。语感培养教学模式的主要原则和方法有四点：扩大输入，熟读背诵，交际语境，教师点拨式的讲解。

还有学者借助跨学科理论对对外汉语教学理论进行研究，如万筱铭借鉴教育生态学的研究视角，审视国内外华文教育的发展状况与分布特征，提出华文教育区域化的发展策略和研究思路。其论文《教育生态学视角下的华文教育区域化研究》提出，将华文教育与影响其发展的各种因素视为紧密联系的教育生态系统，建构符合各区域现实需求的华文教育生态结构，归纳各生态因子对华文教育的作用规律，这不仅有利于华文教育发展理念的革新，也有助于形成符合不同区域特征和需求的多元化华文教育推广模式，同时，还要从做好宏观统筹等方面为华文教育区域化发展做出规划。周一书论证了模因论在对外汉语课堂教学中的应用路径，他认为，从模因论的角度看，对外汉语教学就是利用模因复制的同化、记忆、表达和传播的特点实现汉语言的输入、内化、强化和输出。他在论文《模因论在对外汉语课堂教学中的应用研究》中认为，通过教学实验、问卷及访谈等方法初步证实，构建“背诵—模仿—创造”式的语言教学模式，并在课堂教学中应用“背诵教学法”“语境教学法”“模仿教学法”和“联想教学法”等方法可以显著提高留学生的听、说、读、写、译等能力，学生也十分认可这些教学方法。闫槿和曾立英对口语的教学理论进行了研究，在论文《〈中级汉语口语提高篇〉中主观性及交互主观性元素分析——兼论对外汉语教学的口语课文讲解及课堂互动引导》中，她们依据语言学的“立场三角”理论，总结分析了《中级汉语口语提高篇》这一目前适用范围较广的对外汉语口语教材中的对话场景设计的若干成功之处，发现这种围绕主观性和交互主观性元素的课文及练习能充分展示人物的情感及观点交锋，此类细节上的合理安排也有助于口语课堂上的教学讲解和互动引导，值得其他口语教材编写者借鉴。

第二，关于教学方法应用的研究。学者们开始使用实验方法研究不同教学方法在对外汉语教学中的成效，如杨峥琳和洪炜的论文《预防式与治疗式近义词教学方法在对外汉语教学中的运用》，通过实验对比考查了在近义词辨析教学中预防式和治疗式两种不同教学方法的实际效果。实验结果表明，治疗式教学法的教学效果要好于预防式教学法。论文认为，治疗式教学法在集中学习者认知资源、提高学习者注意水平和节约教学时间方面都存在优势。同时，文章还指出，治疗式教学法存在教学过程不够连贯，对学习者水平有一定要求等条件限制。此外，张文贤和李榕在论文《初级汉语教学中的对话体——叙述体复述练习研究》中提出，针对课文中的对话进行复述是对外汉语教学中一种很有效的练习形式，它能够促进二语习得的发展。论文还总结并分析了美国英语母语者初级水平学生的偏误类型，并对照教材中的复述范例（母语者复述），指出复述时容易缺失或增加的语言特征。最后对复述练习的教学方法提出建议：教学时应先让学生了解并掌握复述语篇和对话语篇的差异，并根据学生水平进行多层次、多类型的复述练习。目前面向对外汉语教学的课文复述练习研究还有待深入。

第三，关于教学工具等辅助教学的研究。学者们关注到了数字技术的发展对教学的促进作用。如吴小军和沈杰在论文《数字化校园的对外汉语实验室平台的设计与实现》中认为，基于数字化校园的汉语实验室平台的设计和实现的相关研究是对外汉语教学信息化技术发展领域的一项重要创新，通过初步设计，基于数字化校园的对外汉语实验室不但是现代教学工具，也成了学生的网络化自主学习平台。对外汉语教学过程中除了讲授式课堂教学外，通过具有特定功能的汉语实验室进行互动教学、自主学习和拓展式学习是必要的补充。论文探讨了基于数字化校园的对外汉语实验室平台的几大优势，以及该汉语实验室的几项必备功能的设计和实现。通过实际应用，该平台能显著提升对外汉语教学的趣味性和效果，有助于增强留学生教育的核心竞争力。李欣分析了对外汉语教学的现状，提出了利用远程教育技术来弥补和完善对外汉语教学体系，具体表现在三个方面：一是以“翻转课堂”为主要模式，搭建学生与老师之间的互动/交流平台；二是以4G网络及智能手机所支持的社交软件为主要媒介，构筑学生与学生之间的沟通桥梁；三是开创特色教学模式，以大规模公开课和超链接的形式来实现课堂与课堂的对接。在其论文《远程教育技术在对外汉语教学中的应用研究》中，论述了将远程教育技术应用到对外汉语教学中的可操作性，提出教学模型和教学组织形式，通过现代教育技术手段将对外汉语教学水平提升到了一个新层次。

（七）对外汉语教学中的教材编排

教材在任何学科的教学活动乃至学科建设和发展过程中都起着非常重要的作用，汉语作为第二语言教学也不例外。学界从不同角度提出了对外汉语教材编排的意见，如刘颂浩在论文《教材编写研究中的学科意识》中认为，学科意识不足是对外汉语教材编写研究必须直面的问题。文章强调，构建教材编写理论时，必须从对外汉语教学学科的层面和角度出发来思考问题，而不能局限于学科下位的具体领域，更不能把个人认识与学科理论混而为一。桂靖和季薇所在的团队借鉴“产出导向法”（POA）理论指导下的大学英语教材的编写经验，对汉语综合课教材进行了 POA 化处理，并在对外汉语课堂中进行了 4 课时实验。论文聚焦于教学材料改编环节，报告了对外汉语教材 POA 化的理论依据，从单元结构、生词、语言点以及练习设计等方面深入讨论了改编的过程，并指出其研究对于汉语教材编写以及教材使用的启示。王方运用“结构—功能—文化”的教学原则对初级汉语教材中的功能与语法相结合进行了量化研究，论文《初级汉语教材功能与语法相结合的量化研究》通过考察七套比较成熟的初级汉语教材，尝试用量化的方法研究各语法点的功能覆盖能力，为处理功能和语法的关系提供了一定的参考。高增霞和栗硕在论文《学术汉语写作教材建设刍议》中提出，新时期对外汉语教学面临新形势，因此迫切需要学界重视学术汉语写作教材的开发与建设。借鉴英语同类教材和汉语高级写作教材编写的经验，结合留学生毕业论文的研究成果，编写学术汉语写作教材的条件已经非常成熟；学术汉语写作教材的编写必须坚持写作技能训练教材的定位，以写作技能训练为主、学术规范知识为辅；教材开发的理想目标是立体化、系列化，但在起步阶段应该注重开发通用的论文写作教材，这也需要学界明确提出一个具体的内容清单。

还有学者针对对外汉语教学教材内容进行了研究。冯小钉提出文化角度下汉语教材内容的取舍与呈现问题，他认为，对外汉语教学界争议的基本问题集中于古代文化与当代文化之间的取舍以及呈现当代中国文化的理据。传统农业社会向现代工业社会转型这一历史进程的分析，有助于学界提高对迈入现代社会的中国文化的认识，在理论上为以展示当代中国社会文化为主的教材编写思路提供依据。对现代中国社会的分析进一步表明，科学技术的发展、城市—工业化进程以及理性契约化的生活方式都应该是反映当代中国文化的代表性内容。王学松在论文《面向留学生的中国古代文学教材编写》中认为，要为来华留学生提供种类丰富的中国古代文学教材，但现今出版的相关教材与汉语教材相比还有着明显的差距，这种状况和整个文化教材的编写在总体上有一致性。论文认为，中国古代文学教材的编写应该借鉴对外汉语教材编写的成熟经验，探索出一条新路。为此他提出以下编写原则供同行讨论：第一，点面结合，以作家作品为主；第二，中外结合，注重交流比较；第三，古今结合，古为今用；第四，讲练结合，语言文学并重。孙凤兰在论文《国别汉语多媒体教材练习设计研究——学生需求分析调查报告》中，运用定量分析的方法，从学生需求分析的角度研究了国别多媒体汉语教材的练习设计，对国别多媒体教材中不同语言要素的练习设计提出了建议。论文认为，不同国籍的留学生对汉语多媒体教材中练习的设计需求各不相同，在开发多媒体汉语教材时需要注意国别化；在开发针对东南亚市场的多媒体教材时尤其需要注意不能照搬其他国别多媒体教材。要从根本上改善对外汉语教学及教材编写的质量，必须针对对外汉语教学或者汉语国际教育的真实需求来编写。

（八）对外汉语教学中的教学实践

专门针对对外汉语教学中的教学实践的论文成果并不多见，更多的只是在研究教学体系的综合类论文中一笔带过。如汪昕在论文《博物馆教育与对外汉语文化教学——探索馆校合作新领域》中提出，可以将博物馆教学与对外汉语的文化教学进行结合，博物馆和学校在国民教育活动中，基于各自的目标，主动调整各自的行为策略，所采取的共建共享的互动行为，形成一种基于教育本身的深度合作，博物馆在这种合作关系中不仅仅是补充和辅助，而是实际的教育活动。林秀琴在论文《汉语国际教育本科专业的发展困境与对策》中提出："进行教育实习体系研究，从而建立适合国内、国外教学的两种实习体系，使教育实习成为一个有科学指导、有可行计划、有清晰步骤的实践性学习过程。”①

（九）其他方面

除了上述几大类论文，我们又特别加上了“其他”一类，“其他”是一些难以分类的论文以及关于对外汉语教学的综合类论文，包括如下几类：

首先，对外汉语教学界的专家们对这门学科的历史发展、学科定位以及前景展望做出了准确的定位与判断。如崔希亮教授认为，“汉语国际教育”是一个专业，关于这个专业的学科属性学术界存在着不同的认识，这种不同的认识影响了这个专业的人才培养目标、培养规格。他在论文《关于汉语国际教育的学科定位问题》中提出，“汉语国际教育”的学科定位是交叉性的，很难简单地归之于某个单一学科。从这个意义上说，汉语国际教育是一门“独立的学科”，它的学科基础是语言学（理论语言学，应用语言学）、汉语言文字学、教育学、认知科学和现代教育技术。在提到汉语国际教育学科的发展时，崔希亮在其最近的一篇论文《汉语国际教育与人类命运共同体》中提出，人类命运共同体的理念不仅为汉语国际教育指明了发展方向，也为汉语国际教育的发展注入了动力，提供了更友好的外部环境。当前，人类社会面临各种威胁，因此构建人类命运共同体的理念和倡议得到了世界各国人民的积极响应。汉语国际教育在构建人类命运共同体的过程中应该有所作为，这是由汉语国际教育的使命和性质决定的。汉语国际教育要在新时代为构建人类命运共同体服务，为人类贡献中国智慧。吴坚在论文《汉语教育国际化发展的现状、问题及对策》中提出，随着汉语教育国际化的不断推进，汉语国际教育在组织制度、师资队伍、教材资源、实践活动和发展路径方面都取得了一定的进展，但也存在人才竞争不强、服务功能不全、组织机构过于单一、法律保障体系缺失和科学研究不足等问题。汉语教育国际化需要在发展定位、人才培养、服务功能、法律保障和科学研究等方面进一步深入发展，进而为汉语教育国际化的可持续发展奠定基础。彭兰玉和郭格讨论了汉语教育国际人才培养的

① 林秀琴：《汉语国际教育本科专业的发展困境与对策》，《中国高等教育》，2014 年第 11 期。

视野构架、细节构架，认为汉语国际教育培养的是汉语教育国际人才，目前已经形成了三个层面的交叉式人才培养格局，为了有效培养合格的汉语教育国际人才，除了提供政策性保证，还需要细节支持，要在知识性细节、修养性细节、应急性细节等方面进行细节备注，用程式化的备注提高有效性。林秀琴阐释了汉语国际教育本科专业的发展困境与对策，指出由于专业设立的初衷与目前社会的发展状况不相适应，导致“设专业易、发展专业难”的问题，就业难，实习难，专业定位不准，专业发展与建设困难。面对新形势，需要对专业的培养目标、教学体系等问题进行深化与拓展，使专业走上健康、科学的可持续发展之路，具体包括以下三个方面：专业定位具体化，使专业特色更突出；细分专业方向，改革培养模式；加强专业研究，推进专业发展与建设。

除此之外，还有一些综述类论文。如李泉教授在论文《对外汉语教学：学科建设四十年——成就与趋势，问题与顶层设计》中认为，改革开放四十年来，对外汉语教学学科建设取得了巨大的成就。该文翻检了《语言教学与研究》（1979—2018）、《世界汉语教学》（1987—2018）和第一至十二届《国际汉语教学讨论会论文选》（1986—2017）中所有有关学科理论研究的文献，研究表明，学科建设的成就与发展趋势是：学科地位渐显化，学科研究精细化，学科体系国际化，教学理论模式化，教材教法多元化；学科发展中存在的主要问题是：学科与事业发展不够协调，主体学科与支撑学科发展不够平衡，学科建设的责任者不够明确，学科建设的发展方向不够清晰。论文结合历史和现实并着眼于未来，提出和讨论了学科建设顶层设计的几个问题：地位自信与学科建设，道路自信和自主创新，理论自信与中国方案。他主张在汉语国际化过程中，不仅非学历为主的对外汉语教学不能缺席，而且应更加坚定对学科地位和作用的自信，坚定适合汉语汉字特点及教学规律的道路自信和理论自信，为对外汉语教学理论与实践提供更多的中国方案。鲁健骥对对外汉语教学历史上的“小四门”即综合课以外的其他跟语言技能（听、说、读、写）有关的汉语课程进行了考察与思考。“小四门”之所以称“小”，是因为相对于综合课而言，这些课程处于次要地位，所占课时比重较小，属于综合课的补充性质。在论文《对外汉语教学历史上的“小四门”——初步的考察与思考》中，他梳理了对外汉语教学历史上的“小四门”的来龙去脉，并就其经验和不足进行了分析。在其另一篇论文《汉考漫议——对改进 HSK 的几点建议》中，从一个对外汉语教师的角度，对改进汉语水平考试（下称“汉考”）提出了几点建议：建议编制“汉语词汇和词法等级大纲”“汉语最低限度词汇表”和“专业汉语词汇表”，编制“汉字知识等级大纲”“最低限度汉字表”和“专业汉字表”，用这两个大纲和附表代替现行的《汉语水平词汇等级大纲》和《汉字等级大纲》；建议汉考目标单纯化，只测定外国学生进入中国高校的汉语能力，按专业分为几种试卷；为了使汉考更具中国特色，更能针对汉语特点，考试宜简化，但应更有效，使之更加适应学生学习。孙德金认为，由于当前对汉语作为第二语言教学（对外汉语教学）的学科本质一直存在争议，这在相当程度上影响着学科的建设和发展。他在论文《论汉语作为第二语言教学学科的语言学本质》中从有关语言、语言学和第二语言教学的常识、事实和理论入手，阐述了语言学在汉语作为第二语言教学学科知识体系中的核心地位，确定了该学科的语言学本质属性。郭丹阳同样对影响对外汉语教学效果的因素进行了探析，认为可以从不同的角度来理解对外汉语教学的内容，而任课教师的综合素质包括汉语知识水平、外语知识水平、非语言性专业知识水平、心理学专业和教学相关知识水平等。从具体的教学方式来看，包括字词因素、语法因素、语音因素、教材因素等。此外，学生自身行为模式是另一个重要因素，包括自信心、自觉性和习得程度。杨春耘和严宏伟根据在川北医学院的对外汉语教学实践和经历，比较了其他医学院校对外汉语教学的发展情况，反思了医学院临床医学专业留学生对外汉语教学方面的问题和不足，提出了改善临床医学对外汉语教学的策略：灵活教学，循序渐进，充分调动学生的积极性；立足教材，延伸内容，为临床专业实习打好基础；围绕课文，用心解读，加强文化传播；院校重视，教师自觉，促进教师专业发展。李月炯在论文《对外汉语教学对少数民族汉语教学的借鉴意义》中认为，少数民族地区的汉语教学和对外汉语教学在本质上都属于第二语言教学，二者既有共通之处，又有内在和外在的诸多不同，在对比国内对外汉语教学和少数民族地区汉语教学各自特点的基础上，提出了中国对外汉语教学发展的成功经验对少数民族地区的汉语教学的可借鉴之处。还有其他的一些论文从各个方面对对外汉语教学进行研究，如程乐乐在论文《论对外汉语课堂关键教学事件》中认为，在对外汉语课堂教学中，关键教学事件与教师原有教育认知产生冲突，促使教师反思自己的教学。关注课堂关键教学事件有利于提高教师的专业敏感性，促进专业成长。对外汉语课堂中的关键教学事件具有“革新性”“跨文化性”“阶段性”和“情景依赖性”等特点，其创造则需要经历“描写事件”“阐释事件”“回应事件”“反思事件”四个阶段。在教学实践中，我们不仅要重视典型的、积极的关键教学事件，也应关注非典型的、消极的关键教学事件。

二、国内研究现状及述评

对外汉语教学始于20世纪50年代，从那个时候开始，学者们便开始探索汉语课堂教学的实践，并根据教学需求来编写适用的教材。为了编写教材就需要研究对外汉语究竟要教什么、要达到什么目的以及采用何种教学方法，这就是对外汉语教学研究的萌芽阶段。有关对外汉语教学的研究成果也比较丰富，特别是在大量的教学实践的基础上，对外汉语教学在“教什么”“怎么教”和“怎样学”三个方面的研究越来越丰富，也越来越成熟。这里的“教什么”主要涉及对外汉语教学的教学内容和教学内容的设计，“怎样学”主要关注学习者语言获得的问题，“怎样教”则关注于课堂教学的方法和策略。这三者成为对外汉语教学研究的三个出发点。在对外汉语教学发展的前四十年里，三者之中的“教什么”一直是学者们关注的重点，被广泛研究。

近几年，相关研究更加深入、细致，学者们从“教什么”“怎样教”“怎么学”这三个点出发，对对外汉语教学的体系进行系统研究，以期形成汉语言系统的二语教学体系，并着力于将汉语语言系统纳入针对外国人的汉语教学。为了达到此目的，学者们从汉语本体研究、汉语的语言要素、成人的二语习得、汉语环境下汉语教学内容以及应用性研究包括听说读写技能训练方法和汉语语言要素的教学方法，以及教师、教材、教学等方面进行了系统研究。从内容上看，2014—2018年，国内学界关于对外汉语教学的研究意识不断增强，研究质量和层次不断提高，涉及对外汉语教学的论文共3145篇（CNKI期刊数据），这些研究呈现出以下特点：

第一，研究的广度和力度有所增强，但研究视角有待拓宽。李泉（2018）、崔希亮（2015/2017）、孙德金（2015）等学者纷纷回顾了对外汉语教学研究的历史，指出了汉语作为第二语言教学的特点，并阐释了对外汉语教学的学科定位问题。这些成果拓宽了研究视野，促进了对外汉语教学的跨文化传播的发展及其跨文化进程。但很多论文都是围绕教学或汉语本体研究话题开展分析，全方面立体化的对外汉语教学研究成果仍有所欠缺，需要更多真正符合国内高校现实情况的面向留学生展开的对外汉语教学特点的本土化研究。

第二，理论性研究不足。有些研究者虽提到对外汉语教学中的文化问题，如原绍锋（2014）、王卉（2015）和郤琳琳（2016），但他们都没有在理论指导下进行系统的研究，大多是对教学模式和教学相关元素的感性认识，这样的成果大多属于教学科学，当前学界业已对此形成共识，即单纯的教学科学并不能有效地指导教学，需要与学习科学相结合，即与基础理论研究相结合，这样才能实现高校对外汉语教学研究的理论自觉和实质性突破，并给予高校对外汉语教学研究强有力的理论引导。

第三，研究视野有所扩大，但研究成果转化机制有所缺乏。关于高校对外汉语教学研究的内容较为全面，涵盖留学生心理、跨文化适应、教学管理、课堂教学、教师发展、文化体验等不同层面。李亚红、李红、张传凰（2002），李雅（2004），尹妍妍（2017），李泉（2017），柳茜（2017），陈曦（2016），王彦伟、张一萍（2012）对上述问题有所研究，然而这些研究成果大都较为感性，能将这些抽象概括的研究成果转化为真正可体验的、具有可操作性的较少。另外，教学中的文化传播的效果、文化测试和跨文化传播下的对外汉语教学效果评价研究缺乏。此外，很多的研究成果并未有效地应用于指导教学实践活动，研究成果与实践教学之间出现断裂，研究成果的转化机制并不完善。

第四，研究成果呈现跨学科趋势，但仍处萌芽状态。5 年间，对外汉语教学研究的跨文化交叉性研究初露端倪，心理学、语言学、传播学、教育学等学科不断渗入，如王晓平（2016）、苏政杰（2016）、孙弘慧（2017）、孙德金（2016）等人的研究。可以看到，近些年来，学者们开始通过借助其他学科的理论来分析、解决对外汉语教学中的实际问题，希望以此推动对外汉语教学的发展。这些研究为对外汉语教学研究提供了全新的视角，加深了学界对对外汉语教学的过程和理论的理解，但深入而全面的跨学科研究成果仍为学界所渴求。

总之，国内学界关于高校对外汉语教学的重复性研究多，理论性研究不足；经验性研究多，跨学科研究少；宏观研究多，实证研究少。而从中华文化走出去战略、中华文化走向世界战略以及构建人类命运共同体的论题背景下看，学术界已经有了一定的研究基础，也取得一系列的相关成果，在中华文化传播、汉语国际推广传播等方面已经形成广泛的共识。但从已有的研究经验来看，大都还停留在感性认识阶段，大多数论文或从宏观的高度，说明中华文化走向世界战略的必要性，或只是瞄准研究教学中的某个问题、某个方面，缺乏全面、系统而深入地研究如何通过高校开展的对外汉语教学推动汉语的推广和中华文化的对外传播，以及如何借助对外汉语教学推动人类命运共同体构建的相关研究，更缺乏运用传播学、心理学等学科理论指导对外汉语教学的研究成果。由此，当前的对外汉语教学研究不能完全适应中华文化对外传播的实践需要，研究的理论深度、体系的完整性还有待加强。

三、国外研究现状及述评

对外汉语教学是一种第二语言教学，国外对于第二语言教学的相关理论研究和实践研究都要早于国内，研究成果非常丰富，这为本书研究奠定了坚实的基础。国外关于第二语言课堂的研究始于 20 世纪 50 年代的教师培训，在各种教学法流派①、心理学和教育学等基础学科发展的推动下，成果频出，很多研究者从教学大纲、教学模式、教学内容、教学过程、教学效果等不同方面对第二语言教学进行了深入全面的研究，以期确定一种更为高效的教学法让教师应用于教学实践。

在研究过程中，对教师的关注成为国外第二语言教学研究的焦点，学界对教师话语、影响教师实践能力的因素以及教师的知识能力等进行了研究。关于教师话语，道格拉斯·巴恩斯（Douglas Barnes）首先对教师提问进行了研究，巴恩斯把教师提问分为事实性提问（actual questions）、推理性提问（reasoning questions）、开放性提问（open questions）和社

① 影响较大的，如 40 年代产生于美国的“听说法”、50 年代产生于法国的“视听法”和 60 年代产生于美国的“认知法”“团体语言学习法”“默教法”“全身反应法”“暗示法”等。

交提问（social questions）。辛西娅·A. 布洛克（Cynthia A. Brock）在论文《参考问题对 ESL 课堂话语的影响》（The Effects of Referential Questions on ESL Classroom Discourse，1986）中讨论了课堂上教师不同的提问类型对学生产出话语的影响，指出参考性问题可以增加学习者在课堂上的语言输出，从而促进语言习得。在教师话语反馈方面，大卫·努南（David Nunan）认为教师的积极反馈可以增强学习者的学习动机，有助于改进学习者的行为。

关于教师实践能力发展的影响因素，拉尔夫·费斯勒（Ralph Fessler）和朱迪斯·C. 克里斯坦森（Judith C. Christensen）运用教师生涯动态循环理论，对教师实践能力进行研究，认为影响教师实践能力发展的因素包括个人环境与组织环境两个方面，其中：个人环境因素包括家庭因素（family）、积极的关键事件（positive critical incidents）、个人的性情与意向（individual dispositions）、兴趣或嗜好（avocations interests）、生命阶段（life stages）；组织环境因素包括学校规章（school regulations）、管理风格（management style）、公共信任（public trust）、社会期望（social expectation）等。唐纳德·弗里曼和凯伦·E. 约翰逊（Donald Freeman，Karen E. Johnson）对传统的外语教师的知识能力提出批评，认为外语教师应该掌握的知识并非是各种学科基础知识的简单相加，而是一种“实践性知识”，它是教师在教学实践过程中逐渐建构，并用于指导其教学的个人知识结构。理查兹（Richards）提出，教师的知识应包括教学理论（正统理论及个人理论）、教学技能（课堂教学与管理、交际能力、沟通和目的语使用能力）、学科知识（语言、二语习得、教学）、教学推理（教学选择及其理据）和环境知识（学校体制、课程、学生）。

除了对教师的关注，国外众多的学者还对第二语言的课堂教学进行了相关研究，如杰里米·哈默（Jeremy Harmer）认为语言输入和语言输出是课堂教学活动的两大组成部分，语言输入能够激活学生的语言习得机制，而语言输出能体现该机制对输入的接受和再创造，从而展示语言的心理认知过程，因而其十分强调在课堂中的语言输入和语言输出效果。

课堂教学方法一直是第二语言研究领域中的热点之一。西莉亚·罗伯茨和梅兰妮·库克（Celia Roberts，Melanie Cooke）研究发现，基于会话分析的课堂教学将传统教学中的语法讲授转变为真实的言谈讲授，有利于提高学生的学习兴趣。赫里蒂奇（Heritage）把课堂教学看作是一个多语境化会话，并分析了ESL课堂的实时互动，认为任何课堂的互动都不是孤立于交际实际的语境的纯理论学习。辛克莱和库塔（Sinclair，Coulthard）对课堂教学结构进行了分析，发现在以教师为中心的课堂中普遍存在IRF（initiate—respond—feedback），即教师引发—学生应答—教师反馈三个阶段的话语结构。另外，利用话语分析理论，他们将课堂话语模式分为课（Lesson）—课段（Transaction）—回合（Round）—话步（Move）—话目（Act）五阶段模式。对于课堂教学中的纠错方式和反馈问题也已经有了较多的研究成果，如约翰·F.凡尔塞罗（John F. Fanselow）、克雷格·乔德龙（Craig Chaudron）、詹姆斯·M.亨德里克森（James M. Hendrickson）等，这里不再一一赘述。

与国内研究情况类似，国外第二语言教学中的文化教学研究起步同样晚于语言教学本身的研究。罗伯特·拉多（Robert Lado）是较早注意到文化因素对第二语言习得的影响的学者，他通过观察和分析与语言相关的文化，并进一步对文化做了分类处理。在1957年出版的《跨文化语言学》（*Linguistics Across Cultures*，1957）一书中，他对自己的研究进行了总结，他认为："凡跟学习者的母语相似的项目，对他们就比较简单，而和他们的母语不同的项目，学起来就很困难。因此，教师如果把学生的目的语和母语进行比较，找出它们之间的差异，就会清楚地了解什么是学生学习中的难点，并为教授这些难点做好充分的准备。"[①] 他提倡设身处地地进行跨文化的第二语言教学，这为文化教学的实施提供了很好的参考。

20世纪70年代，随着跨文化交际研究的发展，学者们开始关注语言的社会功能，注重对第二语言学习者社交能力的培养，并通过实证性研究，证明在第二语言教学过程中将目的语社会文化纳入教学范围的必要性。1971年社会语言学家海姆斯针对乔姆斯基的"语言能力"（linguistic competence）术语提出的"交际能力"（communicative competence）概念代表了语言教学中的文化教学理论方面研究的进步。他认为，乔姆斯基的"语言能力"概念因为其中对语言外在的社会文化因素的忽视而不够完整。海姆斯认为，语言能力和交际能力是语言教学中互相关联的两种能

① 转引自刘徇：《对外汉语教育学引论》，北京：北京语言大学出版社2000年版，第186页。

力，而交际能力实际上又包括语言能力、语言技能、语篇能力和社会文化能力四个方面。

进入 20 世纪 80 年代后，人们开始广泛而深入地探讨第二语言文化习得过程中的相关问题，其中比较有代表性的问题包括文化适应、文化休克等，布朗（Brown）、萨文农（Savignon）、古迪孔斯特（Gudykunst）和金杨芸等是其中具有代表性的研究学者。舒曼（Schumann）从文化与语言之间的关系出发，提出文化合流模式（Acculturation Theory），即把第二语言习得的过程看作是文化适应的一个过程，认为第二语言学习者对目的语文化的适应程度决定其获得第二语言的成败。布朗认为，成功有效的语言教学必须有相应的文化输入，他从心理学角度对第二语言学习者的文化适应过程进行了研究，将第二语言学习者的文化适应过程划分为四个发展阶段，分别为“兴奋愉悦期”“文化休克期”“基本适应期”和“完全适应期”。萨文农也明确提出，只有当学习者与目的语文化之间建立一种和谐的认同关系（sympathetic identification），才有可能实现第二语言的习得。古迪孔斯特和金杨芸研究了文化休克（culture shock）以及其和文化适应之间的关系。他们提出，文化休克会给第二语言学习者带来心理压力，但是这种心理压力也可以转化为学习者学习和适应目的语文化的巨大动力。

20 世纪 90 年代被认为是第二语言文化习得研究取得突破的阶段，这一时期的代表人物是克莱尔·克拉姆施（Claire Kramsch）。克拉姆施认为，语言教学中可以使用两种方法进行文化教学，一种是注重提供相关文化信息，即以事实为基准来介绍目的语文化的方方面面，另一种是将文化置于某种解释框架之内，进而对文化差异的事实进行某种诠释。克拉姆施提出创造语言教室的第三文化（to create a third culture in the language classroom）的必要性，她将第三文化定义为一个概念空间（conceptual space）、一个多种世界话语交叉的场地和一个多种文化交融的课堂。

从已有的资料来看，国外的第二语言研究是以丰富的实践和扎实的理论为基础，并在发展过程中不断借鉴如语言学、认知心理学等其他学科的研究成果，这些都极大地推动了第二语言的研究。借助其他学科的成果也为第二语言的教学研究提供了多样化的研究视角，为本书写作的顺利开展提供了启示。本书在传播学的视域下，以来华留学生为受众，探讨教学、文化与传播之间的关系，以及如何通过对外汉语教学促成不同文化之间的理解与沟通，从而推动中国文化向外传播。通过对文化的对外传播在对外汉语教学过程中的重要性零星碎片状态的研究成果加以总结，本书揭示了如何在理论的指导下，以国内高校对外汉语教学为桥梁，建立合理科学的以跨文化传播为目标的教学体系。本书将归纳总结其成熟经验，发掘研究中的薄弱环节，以跨文化传播相关理论为基础，以拉斯韦尔传播学的“5W 模式”为分析框架，构建国内高校对外汉语教学“1＋1＋5”体系，寻找全球化视域下我国高等院校对外汉语教学模式研究的新方向。

第二章　对外汉语教学研究的理论和框架

全球化的重要标志之一就在于文化的全球化，换言之，文化在全球范围内的传播、交流、碰撞和融合是全球化的必然结果。为了推动全球化背景下对外汉语教学的发展，更好地发挥对外汉语教学传播作用，需要我们从另一个角度深入研究全球化视域下的对外汉语教学。对外汉语教学作为一门课程，不仅涉及语言教学的相关问题，而且也涉及文化的传播问题。为了研究对外文化传播视角下的对外汉语教学，首先必须讨论文化的定义，再来阐释传播学及跨文化传播的相关理论。鉴于跨文化传播研究是传播学的一个重要扩展领域，美国学者拉斯韦尔创立的“5W 模式”又是传播学早期的经典理论之一，本章主要对跨文化传播与“5W 模式”之间的相互关系进行解析。本书将借助爱德华·霍尔的文化定义，全面阐释传播的主体、内容、对象、途径和效果。

本书将借助爱德华·霍尔的文化定义，以跨文化传播为视角，以拉斯韦尔创立的传播学的“5W 模式”为分析框架，研究国内高校的对外汉语教学模式，即从理论上探讨和总结以“传播与接受”为主线的针对来华留学生开展的对外汉语教学的体系和机制，清晰地分析文化传播视角下对外汉语教学的主体、媒介、对象以及内容，并以此评述教学所可能达到的文化传播成效。

第一节　爱德华·霍尔的文化理论

2019 年 5 月 15 日，国家主席习近平在亚洲文明对话大会开幕式上发表了题为《深化文明交流互鉴　共建亚洲命运共同体》的主旨演讲，指出我们要加强世界上不同国家、不同民族、不同文化的交流互鉴，夯实共建亚洲命运共同体、人类命运共同体的人文基础。而“构建人类命运共同体，精准把握住人类社会发展的历史趋势，为经济全球化和人类社会发展指明了方向，标志着一个全新时代的开启”[①]。这里可以看到文化与人类命运共同体及新型全球化之间的紧密联系。那么，究竟什么是文化？

中国古籍中的“文化”含义与现代的“文化”含义有所不同。《易经》中的“观乎人文，以化成天下”是中国最早的“文化”概念，汉代刘向在《说苑》中说：“凡武之兴，为不服也，文化不改，然后加诛。”“文”既指文字、文章、文采，也指礼乐制度、法律条文等；“化”是“教化”的意思，与“武”相对，有“精神教化”之义。西方“文化”（culture）一词有两个拉丁词根：cultura 和 colere。前者意为“开垦”，后者意为“耕耘”，基本都是指从土地或环境中吸取养分，进行农耕和植物的培育，自 15 世纪以来，逐渐引申为对个体德性和能力的培养。由此可见，此时西方文化的定义与我国传统意义上的文化概念不谋而合。但随着历史的发展和时代的变迁，“文化”一词的内涵和外延都在逐渐扩展和深化，西方学者对“文化”也给出了不同视角下的定义，美国人类学家阿尔弗雷德·克洛依伯（Alfred Kroeber）和克莱德·克拉克洪（Clyde Kluckhohn）在 1952 年出版的《文化：概念和定义批判分析》（*Culture: A Critical Review of Concepts and Definitions*，1952）一书中搜集了一百多个关于“文化”的定义，学者们从各自不同的学术背景出发，从社会、哲学、历史、人类学、艺术、心理和教育等不同的学科视角来理解文化。

许多著名的思想家如康德、齐美尔、阿诺德、阿尔都塞等也都对文化进行过深入探讨，而人类学领域中的学者如爱德华·泰勒（Edward B. Tylor）、詹姆斯·弗雷泽（James G. Frazer）、埃米尔·涂尔干（Émile Durkheim）等都对文化的研究做出了重大的贡献，他们通过对民族文化的多维视野的考察，探究了现代社会制度、风俗、仪式等的起源、变迁和发展。再比如人类学家拉尔夫·林顿提出了显性文化（overt culture）和隐性文化（convert culture）的概念，克莱德·克拉克洪提出了外显文化（explicit culture）和内显文化（implicit culture）的概念，哈里·斯塔克·沙利文（Hary Stack Sulivan）提出文化的“知觉”层次（i-awareness）和

① 郜丽华，徐宝剑：《构建人类命运共同体为新型全球化指明了方向》，《红旗文稿》，2019 年第 19 期。

“超乎知觉”（out-of-awareness）层次等，这些都极大地推动了文化研究的发展。在众多的“文化”定义之中，由英国人类学家爱德华·泰勒在1871年提出了引用率最高、影响力最大并最具代表性的“文化”的定义。他在其代表著作《原始文化》中提出了著名的“文化”定义：“文化或文明，就其广泛的民族学意义来讲，是一个复合整体，包括知识、信仰、艺术、道德、法律、习俗以及作为社会成员的任何人所习得的其他能力和习惯。”① 这里文化的定义不仅包括上层建筑的内容，更包括这些上层建筑对社会成员的能力习得和行为习惯的影响。

“人类学家认为，文化代表一个民族的生活方式，是其习得的行为模式、态度和物质材料的总和。”② 跨文化传播研究的奠基人同样也是人类学家的爱德华·霍尔（Edward T. Hall）对文化也进行了精准定义，他在著作《无声的语言》（*The Silent Language*，1961）中指出：文化是联系人与人的纽带，是人与人互动的媒介；文化即交流，交流即文化；文化不是单一事物，是多种事物；人在显形、隐形和技术性三个文化层次上运行。海伦·斯宾塞·奥蒂（Helen Spencer Oatey）和彼得·富兰克林（Peter Franklin）对文化的特征提出了他们的看法：文化是各种规范的体现，以显性或隐性的形式呈现；文化与社会群体相关；文化影响人们的行为和对行为的解释；文化在与他人的互动中习得或构建③。

除了国外学者，国内学者也对文化提出了自己的定义。我国著名学者胡文仲先生将文化定义为：“文化既包括信念、价值观念、习俗、知识等，也包括实物和器具；文化并非生而知之，而是后天所学会的；价值观念是文化的核心，可以根据不同的价值观念区分不同的文化。”④ 孙英春认为，文化是某个社会或社会群体特有的精神、物质、智力与情感等方面一系列特质的总和；除了艺术和文学之外，还包括生活方式、共同生活准则、价值观体系、传统和信仰⑤。在本书中，笔者更倾向张岱年和程亦山对文化

---

① Edward B. Tylor. *Primitive culture*(*Vols 1-2*).London:John Murray,1871,p.22.

② 爱德华·霍尔:《无声的语言》,何道宽,译,北京:北京大学出版 2010 年版,第 20 页。

③ Helen Spencer Oatey, Peter Franklin. *Intercultural Interaction: A Multidisciplinary Approach to Intercultural Communication*.New York:Palgrave Macmillan,2009.

④ 胡文仲:《跨越文化的屏障——胡文仲比较文化论集》,北京:外语教学与研究出版社 2004 年版,第 40 页。

⑤ 孙英春:《跨文化传播学导论》,北京:北京大学出版社 2008 年版,第 1 页。

的定义，这个定义大致综合了多种说法，具有一定的代表性。他们认为，文化是人类在处理任何世界关系中所采取的精神活动与实践活动的方式，以及其创造出来的物质和精神成果的总和。根据这个定义，我们可以首先确定，文化不仅是一种活动方式，同时也是一种活动的成果。作为一种活动方式，它存在于人们的行为方式当中，进而成为某个社会共同的制度与风格。同时，人们的行为和活动方式显然是受思想支配的，因此，文化也可能上升进入意识形态，而成为一种意识、一种观念或是一种思想；作为一种活动成果，伴随着各种大大小小的活动而会覆盖各种文化事务的方方面面。因此，文化并不是一个单一维度的体系，而是具有复杂的多层结构，它的底层是物质文化，中间是文化制度，上层是思想、意识以及观念方面的文化，如图 2-1 所示。显然，文化必然通过语言也仅能通过语言联系着思想、观念、行为以及社会生活的每一个方面。

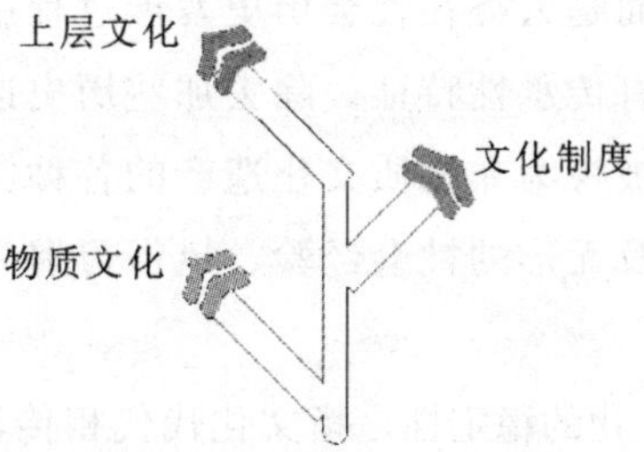

图 2-1　多层次的文化体系

虽然国内外学者从不同角度进行了文化的研究，但是这些研究成果中包含了文化的一些共同特征，主要包括以下七个方面：

第一，系统性。文化不仅是社会生活的一个方面，它同时还涉及社会生活的各个方面，它是一个由思想、习惯、历史、地理、风俗、语言及社会规范等各种要素组合而成的一个复杂体系。从文物到制度，从制度到观念，从观念到思想意识，这个体系所涉及的各部分之间相互联系、相互依存、相互影响，从而形成了复杂而独特的文化系统，任何一个部分的变化都会影响文化系统的其他方面，这就是文化的系统性。

第二，民族性。文化是特定社会群体或者群体中大多数成员共同接受的价值取向或道德观念，也是他们所共同遵守的行为规范或制度习俗，它是一个民族的活动、风俗和信仰的总和。显然，民族不同，他们的风俗习惯也会不太相同，那么他们的文化就定然不同。比如对是与非、好与坏、美与丑的判断标准以及不同场合的行为准则等都由一个民族的所有成员或者大部分成员共同遵守。当两种文化相遇，不论是习惯地还是无意识地以一种文化为标准去评价另一种文化，都有可能会导致文化休克，甚至文化冲突。

第三，地域性。文化是由特定的民族在一定的历史时期一定的地理环境中所创造的，十里不同风、百里不同俗，不同的地理环境可以塑造不同的地域文化。比如，虽然中国与日本同属东亚文明，但作为大陆文明的代表，中华文明更为重视内在发展，而作为岛国文明代表的日本则更加注重扩张性，两种文化地域性的特点极为显著。

第四，传承性。文化不是靠先天的遗传，文化作为某个民族的共同行为，是不同历史时期家庭和社会生活代代相传的结果，因此，文化不是人类固有的内在属性，而是人类在社会历史发展过程中后天习得的知识、技术、能力和习惯，具有传承性特征。除去那些历史遗留下来的可触的物质文化遗产，还有那些被视为非物质文化遗产的各种实践、表演、实物、工艺品、文化场所等以及无形的社会经验、风俗习惯和价值观念，它们都是一个民族文化的传承。

第五，稳定性。文化的稳定性是指文化代代相传，在一定的时期内并不会表现出明显的变化，而是呈现出渐变的倾向。另外，其内部结构是相对稳定的，这些相对稳定的文化可以帮助族群抵抗外力，保持平衡的发展，文化的稳定性使得其许多特征保持稳定，在新文化里这些特征仍不会被磨灭。

第六，动态性。文化的稳定性是相对的，但文化的传承、发展与变迁是绝对的。在文化的传承过程中，每一代人对前一代人留下的文化会加以选择吸收，同时在这个基础上去粗取精，创造出新的文化，并继续向下一代传递，形成文化的动态性更新。比如，新中国成立以后，文化发生了翻天覆地的变化，传统文化的一些现象和行为消失了，男人不再穿长衫和马褂，中山装成为多数人的日常着装。此外，经济的发展、政权的更迭、技术的创新、战争的爆发等都是文化呈现出动态性特点的原因。

第七，约束性。文化属于一定的社会，它从行为和观念上对社会成员施加影响，形成一定的文化约束，所有社会成员的行为、规范和思想都将受其影响。

在上述关于文化特征的论述中可以看到，文化的系统性、民族性、地域性、传承性、稳定性、动态性及约束性基本都是关于文化体系的自我单方面呈现，并没有涉及文化与文化之间的交流状态。如果说之前的讨论中有涉及文化与文化之间的关系，也只能是民族间的文化碰撞中发生的某种文化休克或者文化冲突现象。学者爱德华·霍尔摒弃人类学家单一的研究视角，提出“文化即交流，交流即文化”[①]，由此，文化突破了自身的围栏，人们开始对文化与文化之间的交流开展研究。从霍尔对文化的这一定义中可以看到，霍尔不再仅仅单独观察文化在一个民族内部的存在方式，而是开始关注民族之间的互动以及思想交流，并将文化视为交流的产物，这种交流行为继而又推动着文化的不断变迁。因此，霍尔也把文化比作一种看不见的思想控制装置，只有在文化发生交往，特别是和异质文化发生交往时，人们才能感觉到这种控制装置的存在。

霍尔之所以对文化之间的交流有着如此之高的兴趣，与其职业生涯有着紧密的关系。20 世纪 30 年代以前，他通过理论与实践的结合，一方面从事教学、科研工作，一方面也对原始民族和现代民族的文化进行实地考察，正是在这个过程中有了相关理论的萌芽。随后，他开始参与推行政府的援助项目以缓和民族矛盾。20 世纪 40 年代他应召服役，到西南太平洋地区去研究土著民族。20 世纪 50 年代，他又参加了美国国务院下属的外交讲习所开展的援外人员的培训。这几十年中，霍尔在不同国家、种族和地区的文化生活使其积累了极为丰富的实践经验，这使得他对“文化”一词有更为深刻的理解。1957 年他出版了《无声的语言》这一具有划时代意义的学术著作，在此书中，霍尔观察了居于不同文化背景下的社会个体成员之间的互动行为，试图揭示“超乎知觉”的非语言的文化因素，包括“时间语言”和“空间语言”对个体行为的影响，这也开辟了跨文化研究的新领域。1976 年，他出版了专著《超越文化》(*Beyond Culture*，1976)，从人类生物学的基础对“文化”的概念加以深化，认为“无论他生在何方，赋予他特性的是他的文化，包括他的语调、行为、姿势，他处理时间、空间和物质材料的方式……人类所有的一切和所做的一切都受到学习的修正”[②]。换言之，社会个体的行为是由特定的文化情境所决定的，包

① 爱德华·霍尔：《无声的语言》，何道宽，译，北京：北京大学出版 2010 年版，第 145 页。

② 爱德华·霍尔：《超越文化》，何道宽，译，北京：北京大学出版 2011 年版，第 40 页。

括生存环境、教育方式、生活和工作经历等，这些文化情境决定了存在于社会个体身上不同的文化元素，同时社会个体身上的文化元素又会反过来不断地制约和引导社会个体的行为。文化的根基“植根于古老的哺乳类大脑中，这是把事物当作整体的那部分大脑，它总是不断地进行综合，根据过去发生的一切提出解答”①。

不仅作为个体的人是文化的产物，人与人之间关系的建构同样也受到文化的影响。个体在处理与他人之间关系的时候，个性、思维以及表达自我的方式都会因文化不同而产生显著差异。对此，霍尔指出：“研究人就是研究其延伸……文化即是人的体验，反过来，人即是文化的体验。”②因此，我们必须在具体的语境下认知个体的文化系统结构，语境机制成为其文化理论的核心。

著名人类学家布罗尼斯拉夫·马林诺夫斯基③（Bronislaw Malinowski）于1923年提出了“情境语境”（context of situation）这一概念，并将这一概念运用到语言的翻译实践中。1935年，他又提出“文化语境”（context of culture）的概念，认为个体在从事语言交际活动时不仅会受到语言的影响，也会受到其文化语境也即文化背景的影响④。霍尔认为，“文化”和“语境”是跨文化传播中两个至关重要的因素，语境的重要作用虽然已经被传播学领域的学者们广泛肯定，学者们仍然期望进一步发掘语境的重要作用。除了对文化的定义外，霍尔对“语境”也提出了自己的看法，他认为“语境是关于一个事件的信息，它和该事件的意义密不可分，共同产生某个特定意义的因素——事件及语境，二者在不同的文化中所占的比例不一样”⑤，也就是说，任何对文化的研究都必须与所处的语境联系起来。语境包括两个部分，其一是无意识文化，其二是情景构架和

① 爱德华·霍尔：《超越文化》，何道宽，译，北京：北京大学出版2011年版，第63页。

② 爱德华·霍尔：《超越文化》，何道宽，译，北京：北京大学出版2011年版，第63页。

③ 罗尼斯拉夫·马林诺夫斯基（Bronislaw Malinowski，1884—1942），生于波兰，著名人类学家，现代人类学的奠基人之一。他倡导以功能论的思想和方法论开展文化研究，代表作有《文化论》《西太平洋的航海者》《文化动态论》等。

④ “语境”的概念是波兰籍人类语言学家罗尼斯拉夫·马林诺夫斯基于1923提出的，见于他为美国学者奥格登（C. K. Ogden）和英国学者理查兹（I. A. Richards）所著《意义的意义》（*The Meaning of Meaning*，1923）一书所作的附录文章《原始语言的意义问题》。

⑤ Edward T. Hall. *Hidden differences: Doing Business with the Japanese*. New York: Anchor Books Editions, 1987, p.7.

行为链（action chain）。所谓无意识文化，是指社会成员共享的文化信息。因为信息是共享的，社会个体就可以根据自身的语境在文化上做出某种预设，或者是按一个预先设定的行为模式来采取行动。当个体开始讲话时，即使他仅仅只说了一半话，仅提供了部分信息，但是听者基于无意识文化可以对没有言说的另一半话和其余的信息进行填充，那个预先编制的程序会帮助听者筛选数据，从而实现言者和听者之间有效的交流互动。正是因为他们具有相似的无意识文化语境，所以听者可以预估言者的行为模式，讲述者和倾听者之间完全可以进行流畅的无障碍的交流。情境构架可以用来审视我们对包括行为、习惯等在内的无意识文化的理解。霍尔认为，文化是有单位的，其中可以独立存在的最小的文化单位就是情景构架，在生活中一些常见的情景中包括"问候""餐饮""游戏"等行为，这些行为在不同的语境中"无意识"地传播出不同的信息，简言之，语境可以极大地影响传播的内容。

霍尔认为，为了清楚传播活动中的语境究竟是如何构成的，它具有怎样的传播方面的意义，就必须预先确定语境的等级，"语境的层次对交际性质而言是决定一切的，它又是一切后继行为赖以存在的基础"①。正是在这一点上，他对语境进行了进一步的划分，并对相关内容进行了详细的研究。1976 年，霍尔发表了他的第三部著作《超越文化》，在这本书中，他根据文化传播方式和传播过程的差异，明确提出了"高语境文化"（high-context culture）和"低语境文化"（low-context culture）的概念②。霍尔在《无声的语言》《理解文化差异：德国人、法国人和美国人》（*Understanding Cultural Differences：Germans，French and Americans*）等著作中对这两个概念进行了更为广泛和深入的讨论。霍尔提出这两个概念，为我们理解文化的差异性，为跨文化传播研究领域发掘了新的研究视角。根据霍尔的定义：

> 所谓高语境交流或高语境讯息指的是：大多数信息或存于物

① 爱德华·霍尔：《超越文化》，何道宽，译，北京：北京大学出版 2011 年版，第 83 页。

② 爱德华·霍尔的《超越文化》于 1976 年在纽约出版。《超越文化》的封面插画描绘的是一名身着和服的日本女人，她的双眼被带有"好莱坞"字眼的布条蒙住。这一形象同时包含日本和美国的元素，这两个国家分别被霍尔描述为高语境国家和低语境国家。

质环境中，或内化在人的身上，需要经过编码的、显性的、传输性的信息非常之少。低语境交流正与之相反，就是说，大量信息编入了显性的代码之中。①

在这段关于“高语境文化”和“低语境文化”的概念中，有几个关键词，环境、信息、编码、显性、代码。个体在交流过程中会传递信息，听者是否能接收到信息，取决于二者所处的语境，传播主体会根据当前其所处的语境，选择合适的传播内容（信息），传播受体会根据他的语境对传播信息加以处理，这是在所有语境下进行传播的共同之处，但二者的区别就在于语境的“高”和“低”。

霍尔认为，人们在交流过程中会接收到很多信息，这些信息由社会文化语境与情景来传递。高语境文化中，文化的变迁缓慢，其呈现出相对稳定的状态，这就造成了历史、风俗、传统、民俗等具有高度的重叠性。如霍尔所言，绝大部分的信息已经不仅存在于成形的物质语境中，成为全体成员共有的资源，同时更是会内化于个体的思维活动之中。因此，双方在语言交际的过程中，其语义的产生并不完全依赖于语言本身，还依赖于一些非语言信息，如动作、表情、语气和眼神等，在这些交际过程中，大量隐性信息潜藏在显性的信息之后。基于已经形成的非语言的心理感应，社会成员多半会使用含蓄和间接的方式来进行交流和表达，人们根据人际交往的直觉来推断交流的意图。另外，高语境文化还是一种以集体主义为导向的文化，文化的主旨在于追求整体、和谐，并尽力避免冲突，这与低语境文化正好相反。低语境文化是指交际双方在交际时，其语义的产生并不过于依赖于非语言交际，而是高度依赖语言本身。低语境文化中，文化变化十分迅速，由于缺乏共同历史文化背景，交际过程中，社会成员常常难以形成非语言的心灵感应，因此他们习惯于应用直接的、显性的语言符号编码信息进行交流，用最为坦率、直白的方式进行沟通。再者，低语境文化以个体主义为导向，人际关系体现为高度个体化，当出现问题时，社会成员倾向采取正面冲突的方式来解决问题。高语境文化和低语境文化在语

① 爱德华·霍尔：《超越文化》，何道宽，译，北京：北京大学出版 2011 年版，第 82 页。

言特点和交际特点上的区别如表 2-1 所示：

表 2-1　高语境文化和低语境文化的区别

	高语境文化	低语境文化
语言特点	含蓄、委婉	明了、外露
交际特点	内隐、含蓄	直接、外显
	暗码信息	明码信息
	较多的非言语编码	较多的言语编码
	反应很少外露	反应外露
	圈内圈外有别	圈内圈外灵活
	人际关系紧密	人际关系不密
	高承诺	低承诺
	时间处理高度灵活	时间高度组织化

比较典型的高语境国家主要分布在亚洲，如日本、朝鲜和中国，此外还有一些拉丁美洲国家如墨西哥等，低语境的国家主要分布在北美和欧洲，典型的有美国、加拿大、德国、瑞士以及北欧诸国。如前所述，语境与交际密切相关，因此，生活在高语境文化和低语境文化的个体在面对同一个问题时会给出完全不同的答案。比如对于“你爱我吗?”这个问题，如果一位中国男士向一位中国女士提出这个问题，那么中国女士很可能会说“你讨厌”。她的答案貌似根本没有回答男士的提问，但所有的中国人都可以理解这个回应背后的隐含之意以及她的回应中所隐含的肯定语气。但如果这个问题是由英美国家的人来回答的话，情况将完全不同，她会给出直接的答案，比如直接给予肯定的答案，“是的，我爱你”，或者是否定的答案，“不，我不爱你”。再如我们的歌词唱到“你问我爱你有多深，月亮代表我的心”，中国人都能理解用月亮来表达那深深的爱意，但欧美国家的人是无论如何也搞不明白爱与月亮究竟有什么关系，究其根本就在于他们不懂我们的文化语境，在中国，月亮从古至今都与爱情、亲情有着无法割舍的联系，从诗经中“东方之月兮，彼姝者子”到“多情只有春庭月，犹为离人照落花”，月亮一直是中国人的感情寄托。归纳一下，高语境文化强调只可意会不可言传，认为隐含的内容比直接说出来的内容更重

要，而低语境文化中的明码信息和言语编码则更多，强调直接表达的重要性，即言为心声。以中国为代表的高语境文化很重视通过语言培养人际关系，特别是和谐亲密的关系，如同学关系、战友关系和邻里关系等，因此在聊天结束时，中国人有时会说，“有事一定找我帮忙”或“我来接待你”，这往往仅是一句客套话，它背后更为重要的是在表达与对方的亲密关系和表达自身的一种态度，但是生活在低语境文化中的人往往会单纯将这认为是一种真诚的邀请。

与低语境文化相比，在高语境文化生活的个体也有自身的弱点，如时间观念。生活于高语境文化中的人较为散漫，而低语境文化的人的时间观念很强，因为对于他们而言，时间就是生命，时间就是金钱，因此他们都有预约的习惯，他们会提前预订宾馆、预订旅行社等。在德国文化中，守时是一种尊重他人和礼貌的象征，而迟到是一种粗鲁的行为；而在中国等高语境文化中，我们往往会对长辈和高地位的人的迟到给予宽容。总体而言，东方文化属于高语境文化，强调“意会”，西方文化属于低语境文化，重视“言传”。除此之外，还存在一些高语境文化和低语境文化共存的国家，如法国、英国和意大利。需要说明的是，虽然高语境文化和低语境文化具有各自的语言特点和交际特点，但最终都必须服从传播的需要。因此霍尔所提出的对语境的划分并不是静态的、僵化不变的，而是动态的、灵活可变的，任何传播都可以从高语境转向低语境，也可以从低语境转向高语境。比如在中国，已经有学者对中国的语境文化提出了中国正由“高语境文化”向“低语境文化”移动的假说①。我们在与人交际的过程中，尤其是在和不同文化背景的人交际时，必须了解高语境文化和低语境文化之间的差异，正如霍尔所言：“文化的语言耐人寻味，它用许多不同的方式发声说话，它饱含着情感和智能。无论对一般人还是科学家，我都想说，我痛切地感到，我们必须认识和理解文化机制。我们需要更好地了解我们作为文化参与者的各个方面，而不是需要更多的导弹和氢弹。”② 只有正确地看待不同语境下交流的特点，并发挥语言应有的作用，才能有效地实现跨文化交际。

① 林晓光：《中国由高语境文化向低语境文化移动的假说》，《新闻与传播研究》，2009 年第 2 期。

② 爱德华·霍尔：《无声的语言》，何道宽，译，北京：北京大学出版 2010 年版，第 144 页。

高语境文化与低语境文化也是理解文化差异的最好方式。人类学家克利福德·格尔茨（Clifford Geertz）曾说过："每种文化都在自己的轨道上，以它自己的速度，朝着不同的方向行驶。"由于每个群体都深受其成长环境的影响，并以此来从各自的情况确立行为规范，因此当不同文化交流时，有时候二者之间的理解障碍是难以避免的。卡里·H. 多德（Carley H. Dodd）认为："当文化的差异和变异影响到人际交往的结果时，跨文化交际就发生了。"[①] 当长期生活在一种文化语境的个体进入另一种文化语境时，为了能够进行有效的交际，他们不能仅仅依赖于个体自己的观念和习惯，还必须同时参照对方的观念和习惯，这个互动过程本质上来说就是跨文化传播的起点。因此，霍尔认为"文化的沟通比说或写一种语言更深刻，更复杂。跨文化传播的本质更多的是'释放反应'而不是'发送信息'，'释放正确的反应'比'发送正确的信息'更为重要"[②]，这充分说明了理清不同文化语境差异的重要意义。

对文化进行高语境与低语境的划分，为跨文化的传播行为的研究提供了一个较好的切入点。文化并不是独立存在的，而是相互依存的，并在传播的过程中生存和发展。因此，从一种文化语境进入到另一种文化语境的目的并不是为了去改变自己的文化属性，而是为了去了解另一种文化，从而加强我们接受文化差异的能力。这种体验和接受差异的能力越高，我们进行跨文化传播的能力相应也就会越强。当然，分属不同文化语境的人在交际的过程中，必须要根据对方的语境文化对传播策略做出适时的调整，从而避免误会的产生，并提高传播的实效性。

除了从语境角度来对文化进行区分外，霍尔在弗洛伊德无意识理论和沙利文精神分析理论的启示下，基于文化的直觉程度，将文化分成三个层次，也正是霍尔所提出的文化三分法的理论，即将文化分为显性的（formal）、隐性的（informal）和技术性的（technical）[③]。他认为，三者的共

---

① Edward T. Hall.*An Anthropology of Everyday Life*.New York：Anchor Books Editions，1992，p.224.

② 米尔顿·J.贝内特：《跨文化交流的建构与实践》，关世杰，何惺，译，北京：北京大学出版社2012年版，第106页。

③ 关于霍尔的文化三层次分析法的翻译，有的将其翻译为"正式的""非正式的"和"技术性的"，也有的将其翻译为"形式的""非形式的"和"技术性的"。在本书中，选择何道宽教授在其关于爱德华·霍尔的作品译作中选择的译法，特此说明。

同之处在于“根植于人的生物有机体……这三类行为源自神经系统的不同部位”[①]。不同之处在于，显性文化“是日常生活的一部分，人人视之为理所当然”[②]，个体的自觉程度较高，因此，服饰饮食、风俗习惯、礼仪规范以及习俗文化等都属于显性文化。隐性文化的自觉性比较低，他们对某个文化的概念是隐性的，因此需要观察和模仿，才能大致地了解事情背后的含义，比如正月十五吃元宵的习惯为显性文化，而吃元宵表示团团圆圆则是隐性文化。如果对某种文化自觉程度很低，为了更好地了解某个文化，只有通过技术性的分析或者技术培训，才能够习得的文化，这种文化即是技术性文化。需要注意的是，“有关显性、隐性和技术性文化的三层次合一，……其中之一占主导地位，但三者都存在”[③]。为了深刻理解隐性文化，必要的培训是必需的，那么该文化必然会落入技术性文化的层次，否则就难以了解这一文化的细节。

基于文化层次的三分法理论，霍尔也提出了文化学习的三种方法，即显性的学习、隐性的学习和技术性的学习。首先来看看三者的定义[④]：

> 显性的学习活动是通过规诫来传授的……每当犯错误而有人纠正时，几乎总是可以学到显性的模式……显性学习是二元对立的，是非、黑白分明。打破或遵守禁忌，二者必居其一。
>
> 隐性的学习全然不同于显性的学习和技术性的学习。其主要中介是一种供模仿的模式。成串的相关活动是同时学习的。在许多情况下，当事人浑然不知，他正在学习这些活动，亦不知道有模式或规则管束这些活动。因此，模式是有效的学习手段，是隐性学习的主要工具。
>
> 纯粹的技术性学习接近于单行道，通常是老师向学生传授，语言明快，有口头传授和书面传授两种形式。常常以这样的程序展开：开头作一番逻辑分析，接着是严谨的提纲挈领的讲授。

---

① 爱德华·霍尔:《无声的语言》,何道宽,译,北京:北京大学出版,2010年版,第52-53页。
② 爱德华·霍尔:《无声的语言》,何道宽,译,北京:北京大学出版,2010年版,第51-52页。
③ 爱德华·霍尔:《无声的语言》,何道宽,译,北京:北京大学出版,2010年版,第53页。
④ 爱德华·霍尔:《无声的语言》,何道宽,译,北京:北京大学出版,2010年版,第54-56页。

霍尔对这三种学习文化的方法进行了清楚的区分："显性的学习是一个双向的过程，学习者尝试、犯错误、然后被纠正……隐性学习往往带有情感。隐性学习多半是挑选模仿对象的学习，有时是刻意的，但多半是不知不觉的……技术性学习反其道而行之。这种学习倚重老师的教学技巧，他的教学能力是他的知识和分析能力的用武之地。"[①]"技术性学习也始于错误和纠正，然而，这种学习中的口吻却有所不同；学生会听到纠正的理由。"[②] 需要注意的是，"在现实生活的任何学习情境中，三种学习并存，不过，总有一种形式占主导地位"[③]。我们可以看到，文化传播视角下借助霍尔的三种文化学习法，根据不同的教学目标和教学内容可以对对外汉语的教学方法进行筛选。

霍尔的文化理论非常丰富，他对传播、文化、传播与文化的相关论述如对传播与文化的总结"文化即传播，传播即文化"，对文化语境的论述，对文化语境的分类，对文化层次的三分法，以及相对应的文化学习的三分法都是十分重要的文化理论研究思路。霍尔让我们去重新体验和感悟一些生活中习以为常、司空见惯的现象，并在特定的文化语境中观察人们的反应，可以说，霍尔的文化理论极大地加深了人们对文化传播领域理解的深度。

诚然，霍尔的文化理论也有其局限性。他在划分语境的高低程度时，一方面基于自己的社交经验，另一方面通过大量访谈和观察来进行普遍化概括，比如中国是高语境文化，美国是低语境文化，这种划分的方法很容易使人对一个国家产生刻板印象。事实上，跨文化传播不仅仅发生在不同国家、不同文化之间，也可以发生在一个国家的内部。一个群体内部同样存在着复杂的文化结构，因此，不可以简单和理所当然地将对一个群体的文化印象放置到这个群体所有的社会成员身上。尽管如此，霍尔从传播的角度来定义文化，并从文化的角度来考察传播，认为文化不仅是传播的媒介和对象，它本身就是传播，从而提出"文化即传播，传播即文化"的著名论断，这奠定了跨文化传播研究领域的基石。同时，他关于高语境文化和低语境文化的理论较为符合当下汉语推广的传播环境，特别是有助于厘

---

① 爱德华·霍尔：《无声的语言》，何道宽，译，北京：北京大学出版，2010 年版，第 56-57 页。
② 爱德华·霍尔：《无声的语言》，何道宽，译，北京：北京大学出版，2010 年版，第 54 页。
③ 爱德华·霍尔：《无声的语言》，何道宽，译，北京：北京大学出版，2010 年版，第 57 页。

清近年来国内高校对外汉语教学之中所面临的问题，并可以此推动我国汉语以及中华文化的推广，也能为对外汉语教学与人类命运共同体的建构建立良好的沟通渠道。

第二节　跨文化传播学与拉斯韦尔的“5W 模式”学术探源

本节，我们将对传播学及跨文化领域中经典的拉斯韦尔的“5W 模式”进行学术探源。跨文化传播，顾名思义，文化与传播是紧密联系在一起的，一前一后的顺序，文化在传播前面，说明了文化为传播的目的、内容和前提。在上一节中，我们已经借助爱德华·霍尔的相关理论给予文化一个较为清楚的定义。为了明晰跨文化传播的相关概念，我们还需就另一关键词“传播”做一个较为深入的研究。传播一词译自英语，英文单词是communication，从其词根来看，com-表示“一起”，mun-表示“公共的”，因此可以把其解释为“共享”和“交流”，也有译者把communication译成“交流”或者“沟通”。随着技术的不断发展，传播媒介也在不断变革，特别是在电视、报纸等传播媒介的推动下，传播本身也在迅速发展，传播学逐步从社会学、政治学等学科中分离出来，成为一门研究人类传播行为的科学。从学理上来说，跨文化传播属于传播学的一个分支，全名为跨文化传播学。跨文化传播学 20 世纪 40 年代后期诞生于美国，在 20 世纪 70 年代逐渐发展成熟而为人们所接纳。1972 年，拉里·A. 萨莫瓦尔（Larry A. Samovar）和理查德·E. 波特（Richard E. Porter）合著出版《跨文化传播学读本》（*Intercultural Communication: A Reader*，1972），及 1975 年跨文化传播领域先驱约翰·卡尔·康登（John Carl Condon）和法蒂·约瑟夫（Fathi Yousef）合著出版《跨文化传播学导论》（*Introduction to Intercultural Communication*，1975），这二本书被认为是 20 世纪 70 年代跨文化传播研究的代表性成果。到了 20 世纪 80 年代初，跨文化传播学已成为一门具有完整理论体系的独立学科。可以说，跨文化传播学作为一门学科是在美国文化学者的推动下，在传播学领域得以形成，并得到学术界认可的。

这里我们以东西方文化的交流历史为例，回顾一下传播的发展轨迹，并以此来揭示文化传播的重要价值。提到东西方文化交流，一定会提到中国历史上一个重要的东方文化使者——张骞。张骞曾两次出使西域，为开辟丝绸之路立下了汗马功劳，因此他也被誉为“中国走向世界的第一人”。可以说，如果没有张骞，那么即使丝绸之路仍会出现，但其出现时间一定会大大推后。实际上，汉武帝派张骞出使西域，他的主要使命就是去寻找大月氏，以联合西域国家共同抵抗匈奴。但是，张骞并没有完成这个使命，他在河西走廊被匈奴扣押，之后他娶了匈奴女子为妻，直到11年之后才得以逃脱。但张骞并没有返回长安，而是继续西行，去完成找到大月氏的任务。当张骞历尽千辛万苦找到大月氏时，大月氏却早已经不想再和匈奴发生战争，张骞只好返回长安复命。回长安时，他选择了另一条道路，不巧又被匈奴抓获，并被拘禁了一年多，后趁匈奴内乱，张骞再次脱身并安全回到长安。可以看到，这次西域之行张骞完全没有达到预期的目的，但他熟悉了西域的地理、物产和风土人情，还带回胡桃、胡麻、胡豆、胡瓜等种植技术，这不仅为汉朝开辟通向中亚的交通要道提供了有用信息，更是开启了汉朝与中亚的文化交流。张骞第二次出使西域，其出使目的发生了巨大的变化，他的目标变成了与西域各国建立友好关系。当时由于汉朝与西域各国交往的日益频繁，西域各国纷纷归附于汉朝。这一次出使西域，张骞大获成功，汉武帝大为称赞，封其为太中大夫，张骞两次出使西域情况如表2-2所示：

表2-2 张骞两次出使西域情况

	第一次	第二次
出使时间	公元前138年	公元前119年
出使目的	联系大月氏，抵抗匈奴	访问西域各国，建立友好关系
出使意义	熟悉西域的地理、物产和风土人情	交往日益频繁，西域各国纷纷归附汉朝

除了张骞，另一位重要的东西方文化传播使者是鸠摩罗什，他与真谛、玄奘和不空并称为“四大译经家”。与张骞相反，鸠摩罗什是自西向东把印度的哲学引入中国。东晋太元八年（383年），后凉太祖吕光将西

域高僧鸠摩罗什迎至甘肃凉州，并下令招募各地能工巧匠，大兴土木修建鸠摩罗什寺作为其安身之地。正是在这个寺院，他将大量佛经译成汉语，以此为佛教在中国的传播做出了巨大贡献，被后世誉为“汉传佛教奠基者”。这里我们可以看到，之前的文化传播都是由政府机构推动的，与他们不同，唐代的著名高僧玄奘的西行，则是完完全全的民间行为。玄奘还有一个更为家喻户晓的名字“唐僧”，人们对唐僧的了解主要是来自小说或电视剧《西游记》，但《西游记》中的人物除了唐僧，其他人物都是虚构的。实际上，玄奘去过很多地方，他一个人用了五年的时间游历了印度，了解了当地的风土人情，被世界人民誉为“中华文化交流的使者”。与玄奘相类似，首位来自西方的文化使者马可·波罗的东行也是一个民间行为。1254 年 9 月 15 日，马可·波罗（Marco Polo）出生于意大利威尼斯一个商人家庭。他的父亲和叔叔都是威尼斯商人，17 岁的马可·波罗随他的父亲前往中国，历时四年多，终于到达元朝的首都，并与忽必烈建立了友谊。他在中国游历了 17 年，在这期间，他访问过众多的中国著名城市。回到威尼斯后，马可·波罗在一次威尼斯与热那亚的海战中被俘，狱中他对难友鲁斯蒂谦口述了自己在中国旅行的经历，后来鲁斯蒂谦整理了相关内容并出版了《马可·波罗游记》一书。《马可·波罗游记》全面记述了马可·波罗在中国的所见所闻，这些内容唤起了西方人对东方的极大兴趣，激起了西方人对东方的热烈向往，对以后新航路的开辟产生了巨大的影响。除此之外，还有一个重要人物是利玛窦（Matteo Ricc）。利玛窦是一个意大利籍的天主教神父，他被东方总巡察使范礼安派遣到中国传教，但实际上他不仅开拓了中国的天主教，还向中国传播了西方的天文学、数学、地理、人文主义等知识，也让中国人欣赏到西方油画和西洋音乐，并向西方人介绍了中国文化，因此有人将他视为一位汉学家。由此可见，东西方早期的传播者主要是官吏使者、传教士、商人、僧侣、旅行家等等，张骞、马可·波罗和利玛窦只是其中几个代表人物，他们通过丝绸之路将东方文明介绍到西方，同时将西方的宗教、艺术引入中国，促进了东西方之间贸易、文化、科技繁荣与发展以及不同民族之间的融合，为东西方文化传播做出了巨大贡献。

回到“文化传播”这一关键字眼，事实上，文化与传播是互相作用、互相影响的互动关系。传播是文化得以交流与传承的媒介，也是文化得以生成和发展的工具，同时，传播也被视作文化流动和传承的工具，传播是文化的本性，通过传播可以认知不同文化，而一切文化又都是在传播的过程中得以生成和发展。社会系统里发生的所有文化行为都涉及传播，因为没有传播就不会有文化的出现，文化也不会成为影响甚至决定人类传播行为的最大因素。有学者认为，文化的传播功能是文化的首要目的和基本功能，文化的其他功能都是在这一功能的基础上展开的。可以说，传播本身就是文化的一个组成部分。不可否认，文化与传播的相互影响是长久而深远的。

这里还需要再次借助爱德华·霍尔这位 20 世纪 50 年代服务于美国国务院外交的美国人类学家和他的经典著作《无声的语言》。在《无声的语言》这本书里，霍尔除了对文化与传播的关系做出了上述的经典定义外，还首次使用了“跨文化传播”一词。在国内，跨文化传播研究起步较晚，直到 20 世纪 90 年代，才出现研究跨文化传播的学者。这项研究起步时研究者们因为其不同的学术背景，导致他们对“跨文化传播”这一术语给出了不同的表达和中英文定义，如“对外传播”“国际文化交流”“跨文化交流”“跨文化交际”等。具有传播学研究背景的学者会选择跨文化传播，具有外语教学研究或者二语习得背景的学者会倾向“跨文化交际”，而具有国际关系研究或者外交研究背景的学者会选择“跨文化交流”。而对关键字“跨”的英文翻译，也因为上述原因，出现了“inter”“cross”“intra”和“trans”等前缀。当前学者们对“跨文化传播”这一关键性术语给出了不同的定义。中国传媒大学孙英春教授认为：“所谓跨文化传播，就是不同文化之间以及处于不同文化背景的社会成员之间的交往与互动，涉及不同文化背景的社会成员之间发生的信息传播与人际交往活动，以及各种文化要素在全球社会中流动、共享、渗透和迁移的过程。”① 首都经济贸易大学李景强教授提出，“跨文化传播是在特定的异文化群体之间进行的能够跨越特定文化差异实现意义共享的传播活动”②。他认为跨文化传播具有三大本质特征：第一，从传播者和接受者的文化关系上来看，跨文化传播是特定异文化群体间的传播；第二，从影响跨文化传播活动的核

① 孙英春：《跨文化传播学导论》，北京：北京大学出版社 2008 年版，第 4 页。

② 李景强：《论跨文化传播的性质》，《新闻界》，2010 年第 6 期。

心要素来看，跨文化传播是跨越特定文化差异的传播，即特定文化差异成为影响传播过程的核心要素；第三，从传播活动的意义上看，跨文化传播是实现意义共享的传播，即通过传播新的意义转变或取代旧的意义[①]。基于以上特征，可以看到，跨文化传播是具有不同文化背景或者具有文化差异的人进行的文化流通和共享的活动，换言之，它是“指属于不同文化体系的个人、组织、国家之间所进行的信息传播与文化交流活动。跨文化传播的核心是‘跨文化’”[②]。文化差异的产生或是因为来自不同国家，使用不同的语言，或是因为具有不同的社会地位，具有不同的社会心理，又或是因为具有不同经济发展水平，个体拥有不同的价值取向等。正是因为有差异的存在，所以才需要“跨”。而为了能够跨越这些文化差异，跨文化传播也不是一个独立的学术领域，其同样具有“跨”的特点，它跨越传播学、语言学、心理学、社会学等众多学科。

虽然我国学界对跨文化传播的研究始于20世纪90年代，但“作为一个阐释全球社会中不同文化之间社会关系与社会交往活动的知识系统”[③]，跨文化传播学尚未有统一的学术边界。总体而言，国内对跨文化传播的研究还处在初步发展的阶段。姜飞提出，随着国际政治、经济、文化往来的日益频繁，融会了多种学科资源的跨文化传播学正逐渐在学理探索中走向成熟。跨文化传播学是以文化和传播为双焦点的椭圆形文化为研究对象，综合运用文化研究和传播学领域的思想成果，研究文化在人、组织、机构、国家等层面的传播过程和规律，同时研究在这样的文化传播过程中大众传播媒介的基础性和调节性作用，以新的文化主体的生产和新的知识生产为理论目标，融会过程、关系、意义、消费等视点，探讨如何实现不同文化之间的理解、合作、共存、共荣的可能与机制的一门交叉学科[④]。作为一种人类传播行为，跨文化传播具有重要的现实意义。过去由于传播媒介的落后，文化传播的时效性不高，人与人之间以及国与国之间的交流会出现很多隔阂，沟通不畅。文化的差异不仅导致了矛盾的产生，甚至引发了双方的战争，世界各个角落的“联结”呈断裂状态。但令人欣喜的是，

---

① 李景强:《论跨文化传播的性质》,《新闻界》,2010年第6期。

② 单波,石义彬:《跨文化传播新论》,武汉:武汉大学出版社2005年版,第379页。

③ 孙英春:《跨文化传播学导论》,北京:北京大学出版社2008年版,第3页。

④ 姜飞:《跨文化传播学的渊源和研究视角》,《中国社会科学院院报》,2007-5-31,008版。

当今世界的全球化发展、信息技术以及互联网的高速发展，具有不同文化背景的人能够更方便、快捷地进行信息的交流和共享，"跨"的速度和频率日益提高，身居世界不同地方的人甚至足不出户便可借助各种先进的传播方式如文字、声音、图像等进行跨文化传播活动。尤其是随着人类社会进入信息时代以后，世界各国联系愈加密切，跨文化传播业已成为探讨传播对文化冲突、民族心理以及文化行为等研究领域的重要主题。正因为如此，跨文化传播对保持世界范围内各国、各民族之间文化沟通的畅通，推动世界各国的文化融合，从而推动全人类文化车轮共同向前迈进具有重要意义。

回到传播学理论的讨论，这里必须提到拉斯韦尔的"5W 模式"，它是传播学理论的经典代表，本书也正是基于其"5W 模式"的理论框架开展的。美国政治学家哈罗德·拉斯韦尔（Harold Lasswell）是公认的传播学的先驱和奠基人，1948 年他发表了《社会传播的结构与功能》（The Structure and Function of Communication in Society: The Communication of Ideas）一文，在文中他首次提出了著名的"5W 模式"，这一模式也因为清楚而深入地揭示了社会传播的基本过程、五个基础要素以及传播的三大功能，至今仍被广泛应用于传播学研究领域的各个方面。拉斯韦尔认为，传播过程包括 Who（谁）、Says What（说什么）、In Which Channel（通过哪些渠道）、To Whom（对谁说）、With What Effect（取得什么效果），它们分别对应的传播基本要素为"传播主体""传播内容""传播媒介""传播受众"和"传播效果"，这个模式第一次将人们每天从事却又无法清楚阐述的传播活动明确表述为由五个环节和要素构成的过程，为人们理解传播过程的结构和特性提供了具体的出发点[①]。

如图 2-2 所示，拉斯韦尔的"5W 模式"简明而清楚地揭示了传播主体"谁"以哪些传播媒介为渠道，将传播内容传播给传播受体，并能够或是希望获得怎样的传播效果这一完整的传播过程，这规定了传播学研究的内容和范式。

具体来看，模式以 5 个"W"代表五个传播的基本要素。第一，作为"谁"的传播主体。从图 2-2 中可以看到，传播主体是整个传播过程的起

① 郭庆光:《传播学教程》,北京:中国人民大学出版社 1999 年版,第 60 页。

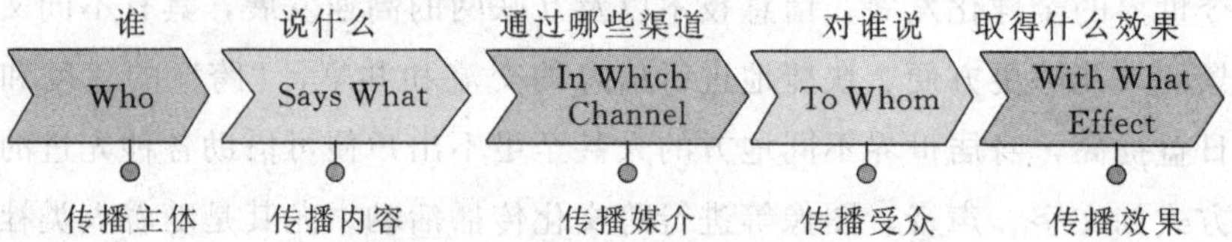

图 2-2 拉斯韦尔的"5W"传播模式

点，它掌控着传播内容的搜集、编制、整理、选择、过滤、加工和传递，因此其占据着主导地位。传播学领域的另一位先驱库尔特·卢因（Kurt Lewin）同样也十分重视传播主体的作用，在其理论体系中，传播主体被称为"守门人"和信息的"把关人"。卢因认为，人类生活中的信息流通必须经过不同的"门"，至于能不能顺利通过，则必须由"守门人"来决定。"守门人"和"把关人"的职责是在传播活动中，负责对信息进行把关从而控制信息传播的方方面面。当然这个"守门人"不一定由某个个体来担任，正如拉斯韦尔所认为的那样，传播主体可以是个人，也可以是集体、组织或机构。如前所述，"把关人"的任务是对传播内容进行把关，守好传播过程中的每一道"门"，因此在传播学领域中这项活动也被命名为"控制分析"，如果要深入揭示"控制分析"的诸多特点则需要对传播主体的活动特征、其与所处环境之间的关系以及社会因素对传播主体的传播活动所产生的影响等方面进行研究。

第二，作为"说什么"的传播内容。从图 2-2 中可以看到，传播内容居于"传播主体"与"传播媒介"之间，是将具有主观能动性的传播主体与受技术制约的传播媒介连接在一起的关键因素。需要注意的是，传播内容不是普遍意义上的需要传播的所有信息。为了实现有效的和有价值的信息传播，就必须首先由传播主体来对需要传播的内容进行把关，即将传播信息进行收集、分析、筛选、过滤等一系列过程处理，这部分经过处理后的信息才是传播内容。传播主体在对传播内容进行把关时需要根据一定的标准对其传播符号、媒介风格以及受众类型等进行分析，因此在传播学领域这也被称为"内容分析"。另外，需要通过比较和分析传播内容，判断其是否经过专业的整合，是否面向社会大众，是否能满足传播受众的需求，又是否具有开放的特点，能够随着世界的局势和社会的发展而不断变化和更新。简而言之，即传播内容是否达到综合性、公开性、大众性和开放性等标准。

第三，作为“通过哪些渠道”的传播媒介。从图 2-2 中可以看到，传播媒介是信息传播的渠道，是传播主体将传播内容传送给传播受众的途径、中介或者载体，与能够取得何种效果有着紧密的关系。对于“媒介”的定义，有学者认为，社会结构的语境下有四种传播网：组织、群体、大众媒介和专用渠道。从结构上来讲，虽然具有政治意义的社会组织的传播网并不一定是政治体制的一部分，例如学校和工会，但其却具有重要的政治功能[①]。也有学者认为“媒介”是“大众媒介”与“人际传播”的结合体和多元概念，但多侧重于新闻、广告、广播以及互联网等“媒体”[②]。借助“传播媒介”出现的顺序可以很容易地厘清“传播媒介”与技术之间的紧密联系。在语言和文字尚未诞生时，先民主要依靠符号媒介来记录和传播信息；随着语言和文字的发明，开始将“语言媒介”和“文字媒介”作为主要的传播媒介；而印刷机的发明则使得信息可以借助“印刷媒介”在大范围内广泛传播；电子技术的发展则又引发了传播媒介一次全新的变革，即使两者远隔千山万水，信息也可以通过“电子媒介”迅速地在世界范围内传播。当前的网络技术使得“网络媒介”成为全新的传播载体，个体首次拥有了可以大范围传播信息的能力。除此之外，媒介还可以是某种平台、中介、政府和组织，甚至个体，如留学生、国际友人等也可以作为跨文化的传播媒介。“媒介”要对“主体”的信息编码重新处理，制定科学合理的分配模式和传送方法（内容和形式），送达信息接收者（信宿），也即受众[③]。作为“链接”的传播媒介的传送信息能力是否足够，是否能够正确对传播内容进行编码继而进行信息的互动，又是否需要使用一种或多种媒介来进行传播，这也是需要分析的内容，因此在传播学领域被称为“媒介分析”。

第四，作为“对谁说”的传播受众。“受众”是传播学领域的一个重要术语，指的是信息的接收者，如报纸杂志的读者、电视电影的观众及广

① 迈克尔·H.普罗瑟:《文化对话:跨文化传播导论》,何道宽,译,北京:北京大学出版社2013 年版,第 108 页。

② 沃纳·J.赛佛林,詹姆士·W.卡德:《传播理论:起源、方法与应用》,郭镇之,译,北京:中国传媒大学出版社 2006 年版,第 173 页。

③ 沃纳·J.赛佛林,詹姆士·W.卡德:《传播理论:起源、方法与应用》,郭镇之,译,北京:中国传媒大学出版社 2006 年版,第 44-45 页。

播的听众等。在图 2-2 中可以看到，传播内容居于作为传播过程中心的“传播媒介”的右边，它是完成一个完整的传播过程不可缺少的重要因素，是传播的目标，脱离开了传播受众，传播就没有方向。对于传播受众需要注意的一点是，虽然他们是传播所针对的客体，是传播信息的接收者，但他们接收信息的过程并不是被动的、任人摆布的，而是主动的、有选择性的[①]。传播受众会根据自己的兴趣爱好、生活需要以及价值观、人生观等来主动地对传播内容进行取舍和信息加工，并进而对传播活动做出不同的反馈，如他们有可能接受或者排斥，可能改变或者坚持某种态度，可能采取或者不采取某个预期行为，从而成为新的传播主体[②]。因此，传播受众在传播活动中占据着重要位置，他们的心理需求、政治态度以及社会背景等成为传播主体选择传播内容和传播媒介时需要考虑的重要因素，这在传播学领域中被称为“受众分析”，传播效果好坏的判断也是基于传播受众的反应而确定的。

第五，作为“取得什么效果”的传播效果。“效果”指的是信息到达受众后在其认知情感、行为各层面所引起的反应，即信息的接收情况，它是检验传播活动是否成功的重要尺度，也是传播的最终目的。在判断传播活动的最终效果时，可以通过传播受众的反应、传播受众对传播内容的接受程度、传播受众在接收到传播内容后是否引发了其态度和行为的变化以及变化程度等方面来制定合理科学的评判标准，对传播效果的分析在传播学领域也被称为“效果分析”。

另外，在“5W 模式”中，拉斯韦尔还指出了传播的三个主要功能：其一，再现功能，传播能够准确地、客观地再现社会现实和世界原貌；其二，协调功能，传播可以协调社会各个部门、各个环节等之间的关系；其三，传递功能，传播可以实现社会文化的代代相传。拉斯韦尔的“5W 模式”清晰地阐述了传播活动的完整过程和五个基本要素，并由此引申出了传播学的五大内容，控制分析、内容分析、媒介分析、受众分析和效果分析。

事实上，由于全球化和跨文化传播有着紧密关系，跨文化传播可以说

① 王贤卿：《论传播学受众理论与思想政治教育创新》，《思想理论教育导刊》，2009 年第 11 期。
② 陈小慰：《对外宣传翻译中的文化自觉与受众意识》，《中国翻译》，2013 年第 2 期。

是全球化的必然结果。全球化特别是文化全球化要求打破国家界限，跨出国门，实现世界范围内的文化传播。因此，拉斯韦尔的“5W 模式”理论可以助力推动文化全球化的发展。但随着传播学研究领域的不断深入，拉斯韦尔的“5W 模式”的不足之处也显现出来，其中最大的局限性就在于，传播本应该是一个开放的、互动的双向性行为，该模式将传播过程描述成一个由传播主体到传播受众和传播效果的单向的线性过程，没有关注到信息反馈的环节。作为经典的传播学理论，“5W 模式”虽然有一些不足之处，但因其对传播过程的全面揭示和传播要素的深入阐释，仍然为传播学的发展确立了方向，奠定了扎实的基础。随后，不少学者对拉斯韦尔的“5W 模式”进行了补充、完善和发展，其中较为著名的有布雷多克提出的关于跨文化传播的“7W 模式”。布雷多克在拉斯韦尔的“5W 模式”的基础上，提出了“7W 模式”，在传播过程中增加了“情境——在什么情况下”和“意图——为了什么目的”两个基本要素，“7W 模式”的传播过程如图 2-3 所示：

图 2-3　布雷多克的“7W”传播模式

从图 2-3 可以看到，文化传播行为一定是发生于有文化差异的国家之间。因为文化差异的存在，传播主体和传播受众之间竖着一道“文化疆界”。要实现文化的顺利传播，就必须跨过这道“文化疆界”。严格意义上来说，传播学至今并未被公认为是一门具有完整理论体系和批评框架的独立学科，而是通过“跨”的方式，如与国际传播、社会传播、文化传播、新闻传播以及语言传播等其他学科进行交叉。跨文化传播研究是传播学领域的一个重要扩展，运用“5W 模式”对国内高校的对外汉语教学进行研究，并对教学传播体系中的传播主体、传播内容、传播媒介、传播受众和传播效果进行分析，不仅有助于研究文化传播视角下如何通过面向来华留学生的对外汉语教学实现中华文化及其价值观念对外传播，更有助于人类命运共同体的构建。

第三节　全球化视域下的跨文化传播与对外汉语教学

当今世界正处在全球化时代，对于这一时代潮流，美国学者罗伯特·萨缪尔森认为："全球化是把双刃剑，它既是加快经济增长速度、传播新技术、提高不同国家，包括穷国和富国生活水平的过程，也是侵蚀本土文化传统、威胁经济安全和社会稳定的过程。"不可否认，全球化引发了一些社会问题，如恐怖主义、难民潮、经济危机以及环境问题等，但它更多的是发挥了积极作用，特别是在科学和信息技术的飞速发展下，全球化为世界上每一个民族文化的传播以及不同文化的优秀成果之间的相互借鉴、吸收以及互相促进这一"跨"的过程创造了更为广阔的平台。正是在这一背景下，跨文化传播的重要性也日益为学者们所关注。

在全球化背景下，考虑到文化之间巨大的鸿沟及教育和文化之间的紧密关系，教育成为当前我们进行有效跨文化传播的有力手段，这是由于教育不仅担负着传授知识和社会技能的使命，它同时也是文化的重要载体和文化传播最有效的媒介，关系着文化和价值观的传播。文化和价值观的传播并不只是发生在一个民族内部，在全球化时代的推动下，这一传播过程同样也发生在不同民族文化之间，这也正是当前各国都在大力倡导跨文化教育的原因所在。可以说，全球一体化对跨文化传播的需求为教育的发展提供了全新的机遇和挑战。目前，许多国家都已经开始重视这一机遇，并正视这一挑战。为抓住这一机遇，许多国家都开始广泛地开展国际教育合作，如师生互换、合作办学、合作研究或访学等，借助跨国界、跨文化的教育交流与合作，有效地促进了跨文化传播。另外，目前教育贸易在国际贸易构成中所占的比例越来越大，这也说明了国际教育交流渠道对跨文化传播的重要意义。就我国而言，2010 年我国颁布实施的《国家中长期教育改革和发展规划纲要》指出，要提高交流合作水平，促进高水平教育机构海外办学，加强教育国际交流，广泛开展国际合作和教育服务，支持国际汉语教育，提高孔子学院办学质量和水平等。

在世界文化日趋呈现多元化特点的现实下，跨文化传播下的教育也更多地呈现出跨文化教育的特点，目标在于培养留学生的跨文化能力。在全球化视域下，探讨跨文化教育对跨文化传播的发展具有重要意义。

第一，正确理解文化多样性。在 2014 年 9 月举办的纪念孔子诞辰 2565 周年国际学术研讨会暨国际儒学联合会第五届会员大会开幕会上，习近平主席强调，应该维护各国各民族文明多样性，加强相互交流、相互学习、相互借鉴，而不应该相互隔膜、相互排斥、相互取代，这样世界文明之园才能生机盎然。2019 年 5 月 15 日习近平主席出席亚洲文明对话大会开幕式并发表主旨演讲时再次提出，人类只有肤色语言之别，文明只有姹紫嫣红之别，但绝无高低优劣之分。我们应该秉持平等和尊重，摒弃傲慢和偏见，加深对自身文明和其他文明差异性的认知，推动不同文明交流对话、和谐共生。这正是面对文化多样性应有的科学态度。当前，文化是以多样化的形式存在的，“文明具有多样性，就如同自然界物种的多样性一样，一同构成我们这个星球的生命本源”，不同国家、不同民族的文化各自具有内容上的差异和地域上的特色。跨文化教育是一个各种文化互相碰撞的平台，一方面我们可以通过跨文化教育为文化提供交流互鉴、理解对话的平台，另一方面秉承教育是一种平等对话的特点，通过跨文化教育获得相关知识、技能、能力，继而能够更好地理解文化差异的客观性和存在的价值，树立对待文化差异的正确态度以及提高自我处理文化差异的能力，增强文化的适应性。

第二，教育在增强文化认同方面具有天然优势。当一种文化与另一种文化相遇的时候，除了差异问题，还有“认同”问题，而且首先遇到的就是“认同”问题，正如霍尔所言：“文化中最重要的心理要素是认同作用。”随着世界各国文化交流的不断加深，文化边界渐渐淡化，文化差异造成了诸多的矛盾与冲突。这些矛盾和冲突并不仅仅是技术和经济发展的问题，还是文化认同的问题，而其最核心的问题则是价值观的认同。在此层面上，文化认同的构建对于跨文化传播具有重要的意义，跨文化传播的过程本质上正是异文化获得文化认同的过程。吴祚来在《文化传播与文化焦虑》一文中谈到，文化传播是一种价值传播，而非炫耀经济实力或其他为目的，成功的文化传播是使受众认同我们的价值理念，使受众获得对我们历史和现实的真实感受、善意与包容性、美与快乐的属性价值，即核心影响力和竞争力[1]。国外的有识之士早已充分利用教育在价值观传播方面的巨大优势，为促进文化认同做出了许多贡献。1946年，富布莱特基金创始人、著名政治家富布莱特在为《外交政策的第四个方面：教育与文化事务》（*The Fourth Dimension of Foreign Policy: Educational and Cultural Affairs*）一书所写的序中提出："教育实质上是国际关系的基本要素之一——就其对战争或和平的意义来说，它完全与外交和军事力量同等重要。"实际上，孔子学院在某种程度上也是在发挥着类似的作用，它绝不仅仅是一个教授汉语的机构，它的目的更多的是传播中国传统文化，展现当代中国的精神面貌。在此意义上，全球化进程背景下的教育更是一种价值传播象征系统，是与人们日常生活密切相关的文化认同问题，是增进国际理解和实现文化认同的直接渠道。全球化对跨文化教育提出了更高的期待，要求在多元化文化的社会中培养学生与人交流共处的能力，这就需要克服刻板印象，注重对异文化的理解和尊重，提高文化的对话能力。

第三，为人类命运共同体的建构提供文化支撑。文化的多样性特点提出了一个新的问题，即面对文化差异时如何树立正确的态度，如何努力实现文化认同，以及如何促进不同文化间的交流互鉴，从而实现美美与共的美好愿景。党的十八大以来，以习近平同志为核心的党中央着眼于人类发展和世界前途，基于文化的多样化，提出了构建人类命运共同体的中国方案，而文化建设则是实施中国方案的重要推动力量。教育是实现构建人类命运共同体的重要途径之一。教育成为文化建设的重要阵地，是不同国家、不同民族进行交流、交往的桥梁。实际上，各国也一直努力通过教育促进人类命运共同体构建这一目标。文化多样化是构建人类命运共同体的文化支撑，文化认同将有利于超越文化差异，弥合矛盾，让人类命运共同体思想在全世界取得最大化的共识。

在这里我们借助传播理论对教育进行研究，实质上，教育本身就是一种传播活动。它按照既定的教育目标，通过教育载体，将相应的教育内容传递给特定的教育对象，因此我们可以把传播理论的研究成果应用到教育领域中来。在教育过程中，不仅可以传播新思想和新技术，促进文化的交流互鉴，更可以推动文化共同发展，增进文化认同，实现文化的共同繁

① 吴祚来：《对外传播与文化焦虑》，《对外传播》，2009年第9期。

荣。那么作为教育体系中最为重要的一个环节的教学活动对推动中国的跨文化教育，促进中华文化传播同样具有重要意义，特别是随着现代教学活动中传播学和教育学更加紧密的结合，教学已被视为是对教育信息传播的综合运用，进而可将其看作是跨文化传播活动中的重要媒介活动。如前所述，跨文化传播学的研究对象是文化与传播之间的关系，以及不同文化之间理解、合作与共存的可能机制，从信息传播过程来看，教学者通过采用一定的传播载体将教学信息传播给学习者，从而完善学习者的知识结构，进而产生作为教学效果的反馈。简单地说，教学目的在于教育者借助于各种传播手段以及传播技巧向教育受众传播知识和技能。因此，在这一视角下反观中国的教学和文化的对外传播，就必须思考以下问题：教学过程中谁在教的过程中传播中华文化（传播主体）、教学过程中教什么或传播什么（传播内容）、通过什么样的方法教达到传播的目的（传播媒介）、教的对象或传播的接收方是谁（传播受众）、取得怎样的教学效果等。这项教学的传播具有特定目的性，考虑到对外汉语教学的特殊性，即面对不同文化背景的留学生，为了实现传播效果，就必须结合传播学和教育学理论来指导教学活动，求得最优化的教学效果和传播效果。

对外汉语教学因其特定的教学目标和学科特点在中华文化的对外传播上具有天然优势，这可以从以下三个方面得到反映：

其一，消除语言障碍。语言是信息传播的基础，是表达思想、相互沟通的基本工具，甚至还可以作为衡量一个国家软实力的重要指标。语言是文化的载体，语言的存在使文化的传承、传播和发展成为可能。就汉语而言，在全球化语境下，汉语作为联合国6种工作语言之一，随着中国国力的发展也成为全球的通用语言之一，并在世界语言体系中占据了重要地位。不能否认，全球化进程极大地左右着世界各国的语言政策与语言教育体系，因此在全球化的今天，当语言作为国家文化的主要组成部分，每一个国家都在认真研究如何制定既适应世界发展趋势和潮流，又符合本国国情的语言教育对策。也正是基于对大环境的考量，绝大多数国家的政府为了解决国家与国家之间产生的对话问题，都早已把本国的第一外语设定为英语，这就形成了当前英语在国际合作、国际交流以及国际舆论等方面的霸权局面，而大力强化汉语教育，努力开辟汉语语言文化新的交流渠道正是打破这一局面的重要手段。

其二，去除文化偏见。对外汉语教学不仅关系着汉语言的推广，还关系着中华文化的传播。对外汉语教学的课堂又被称为“小联合国”，课堂上坐着来自世界各地的留学生，他们具有不同的文化背景和宗教信仰，在这样的情境下，极易产生巨大的偏见和冲突。偏见一般因无知、错误或是狭隘的预先设想而引起，如果缺乏正确引导，偏见不仅容易产生，更容易加深，进而造成不同文化之间的矛盾和冲突。因此，对外汉语教学不仅要传授汉语基本词汇、句式和语法等，还需要传播中华文化，并在这个过程中注意培养留学生对异文化的包容性，进而引导留学生重新审视此前对中华文化做过的诸多假设，去除文化偏见。结合霍尔的高语境文化和低语境文化理论，反观中国文化，可以看到，处于高语境文化中的中国文化中包含的道德观、伦理态度和价值观与西方世界相去甚远，处于低文化语境中的欧洲人难以产生相同的体验，这极易导致文化偏见的产生。在对外汉语教学的课堂上，应该注重培养外国留学生对中国文化价值的认知和认同，实现教学传播中国文化的“民间大使”的功能。

其三，培养国际跨文化人才。在以上两点的基础上，跨文化传播亟需大批具备高水平汉语语言技能且熟悉中华文化的跨文化人才。来华留学生在中国完成汉语语言和文化的学习后，回到自己的国家，会在以后的社会活动过程中自觉或不自觉地宣传中华文化的底蕴、价值和自信。因此，我们的对外汉语教学要考虑如何帮助留学生接受这方面的培训和教育，从而构建起跨文化交流的全新渠道。

诚然，中国在世界各地设立的孔子学院成为语言文化交流的重要桥梁，为世界各国民众学习汉语、了解中华文化提供了一条便捷的途径，也为世界不同文化的交流以及全球文化一体化的发展做出了重要贡献，但当前孔子学院的发展和建设中也存在一些问题。时篙巍等在《当“孔夫子”遭遇“西方”——当前汉语国际推广的现状、问题及思考》一文中指出，我国海外孔子学院扮演着以汉语教学为主要活动内容的中国语言文化推广机构的角色，但是目前的传播效果远远没有达到预期的目标。就传播内容而言，孔子学院存在着厚古薄今的问题，即过于侧重在传统文化方面，而对当代中国文化的传播有所忽略，此外，以孔子学院这样的官方机构为传播渠道容易让外国人产生排斥心理，难以培养出像传教士一样具备激情和专业能力的优秀传播者①。因此，我们需要更加重视国内各个高校所设立的对外汉语教育的发展。

牛津大学校长安德鲁·贺慕敦教授认为："今天的大学身处全球化的时代，教育国际化已经成为大学可持续发展的必经之路。中国在国际化的舞台上不可或缺，随着经济的发展，中国对于高等教育的重视程度与日俱增，中国教育的国际化对于中国乃至全世界的教育发展都有着一定的影响力，中国已经成为国际教育的重要输出国和输入国。"就对外汉语教学而言，必须将对外汉语教学提升到跨文化传播的理论高度，从而将中华文化价值的传播与语言教学有机结合，更好地实现来华留学生对以汉语为载体的中国文化内涵和价值观念的认知的培养。采用跨文化传播的理论框架、机制研究国内高校对外汉语教学的体系，可以有效地提高对外汉语教学的文化传播效果，提升作为国外传播受众的留学生对于中华文化的认同程度和对当代中国的真实面貌的准确认识。

本书研究的重点是全球化视域下我国高校对外汉语教学"1＋1＋5"培养模式的问题，该模式是在传播学理论的启迪下建立的，其目的是为构建跨文化传播模式，以及为将跨文化要素引入教学传播过程做准备，以求达到在国内高校对外汉语教学过程中优化中华文化对外传播效果的目标。本书在拉斯韦尔的"5W 模式"理论框架下开展研究。虽然拉斯韦尔的"5W 模式"在本质上属于理论模式的建构，但依旧可以将其理论成果运用于对外汉语教学领域的探索而建立起新的教学传播模式。培养模式中的第一个"1"指的是必须秉持一个统一的核心，即以汉语言教学为核心，第二个"1"指的是一个共同目标，即以跨文化能力培养为目标，后面的"5"则是结合拉斯韦尔的"5W 模式"，从教师队伍全面化、教程设置模块化、教学方法灵活化、教材设置对象化和教学实践合作化五个方面重新设计对外汉语教学体系。

对外汉语教学的本质是跨文化传播行为，依据拉斯韦尔的"5W 模式"理论，在跨文化传播视角下分析面向来华留学生的对外汉语教学体系，我们不难发现，它可以恰当地、合理地应用于国内高校对外汉语教学

---

① 时篙巍，李鹤鸣，杨汝清等：《当"孔夫子"遭遇"西方"——当前汉语国际推广的现状、问题及思考》，《北京大学研究生学志》，2010 年第 3 期。

体系中的五个重要因素，即“教学主体”“教学内容”“教学途径”“教学受众”“教学效果”五大要素的教学模式，以此为依据，我们可以全面系统地研究对外汉语教学的方方面面。就文化的对外传播而言，跨文化传播视角下的对外汉语教学方式对中华文化走向世界最大的意义就在于其教学模式与当前国内高校教学实践关系紧密，具有极高的可操作性。需要注意的是，“1+1+5”培养体系中的“5”和拉斯韦尔“5W 模式”中的“5”并不是完全匹配的，具体而言，培养体系中的教师队伍、教学方法和教学对象是匹配的，教程设置和教学实践属于教学内容，而教学效果的衡量涉及问卷、测试等一系列环节，因此在本书中不做展开，但这也是未来研究深化的方向。

下面将在拉斯韦尔“5W 模式”理论框架下分析基于文化传播视角下的对外汉语教学机制。从表 2-3 可以看出，对外汉语教学作为文化传播的一个重要媒介，并不能单独决定传播效果，需要考虑的因素有：谁来教、选择教什么内容、采用什么方法教、教的对象是谁、要达成什么样的传播效果等等。这里，“谁”就是教学主体，“教什么”就是教学内容，“什么方法”指的就是教学方法，“教谁”就是要关注教学受众，“达成效果”就是指教学效果。对外汉语教学研究就是要把整个教学过程置于不同社会文化大背景下进行考察，分析教学过程中产生的文化交流、影响、接受和传播等环节，考察教学传播就要考察教学传播链上的各个教学要素。

表 2-3　“5W”中英文释义

“5W 模式”英文释义	“5W 模式”中文释义	传播学领域	教育学领域
Who	谁	传播主体	教学主体
Says What	说什么	传播内容	教学内容
In Which Channel	通过什么渠道	传播媒介	教学方法
To Whom	对谁	传播受众	教学对象
With What Effect	取得什么效果	传播效果	教学效果

本书通过研究对外汉语教学传播的教学主体、教学传播内容、教学传播受众、教学传播途径和教学传播效果来研究文化对外传播的问题，具体

包括：

教学主体：对外汉语教学的教学主体应该是谁？

教学内容：文化传播视角下的对外汉语教学应该如何选择教学内容？教学内容的模式应该是什么？

教学途径：对外汉语教学的教学途径有哪些？

教学受众：对外汉语教学的受众是谁？针对教学受众特点，如何调整教学策略？教学受众的模式应该是什么？

教学效果：对外汉语教学的教学目的是什么？教学的效果如何？如何达到更好的教学传播效果，实现传播价值的最大化？

首先来看看传播学视域下的教学主体。传播主体指的是"谁"传播，在传播过程中负责信息的收集、加工和传递，如前所述，它既可以是个人，也可以是集体或专门机构。在传播学领域探讨传播主体的概念时，可以从不同层面切入。从图 2-4 中可以看到，从宏观层面上来看，它可以是代表国家政治意志的政府（government）。政府可以基于国家之间的关系以及世界局势，决定对来华留学生教育的走向，制定教学及相关政策，对来华留学生学习的内容、规模和实施步骤进行指导。来华留学生教育主要是由国内高等院校来具体实施，它本质上是政府政策的主要贯彻者和实施者，承担着"促进我国同各国间文化交流，增进我国同各国人民之间友谊的一项重要工作……促进高等学校的国际交流与合作"的重任[①]。一切文化传播同时也是人际传播，一切人际传播也都有文化的向度[②]。国内高校作为跨文化传播和来华留学生教育的主要实施者，应以汉语言教学为核心，以将中华文化（传播内容）在世界范围内的传播和推广为目标，换言之，通过对来华留学生的培养，增强留学生对中华文化及其价值观认知和认同程度。从微观上来看，高校对外汉语教学教师是教学的具体实施者，他们决定具体的教学内容和实施步骤，并直接关系到教学效果。换言之，在文化传播视域下，微观层面上的对外汉语教学的传播主体为对外汉语教师，因此，为了保证对外汉语教学的中华文化对外传播的效果，对外汉语教师队伍的建设应注意全面化原则。具体而言，从事对外汉语教学的教师

① 程家福：《来华留学生教育结构历史研究》，上海同济大学出版社 2012 年版，第 37 页。

② 迈克尔·H.普罗瑟：《文化对话：跨文化传播导论》，何道宽，译，北京：北京大学出版社 2013 年版，第 56 页。

不仅要有扎实的汉语言教学功底，更要有较好的跨文化能力，在面对课堂上来自世界各地的留学生时，能够有足够的跨文化能力以消除文化差异导致的文化冲突；此外，还要有良好的心理素养，能够帮助和鼓励留学生克服文化撞击所产生的障碍，提高学生的跨文化适应能力，这样才能担负起传授汉语言知识、介绍中华文明的教学责任，从而培养外国留学生认知和认同中国文化价值，使他们成为中华文化对外传播的“民间大使”，如图 2-4 所示。

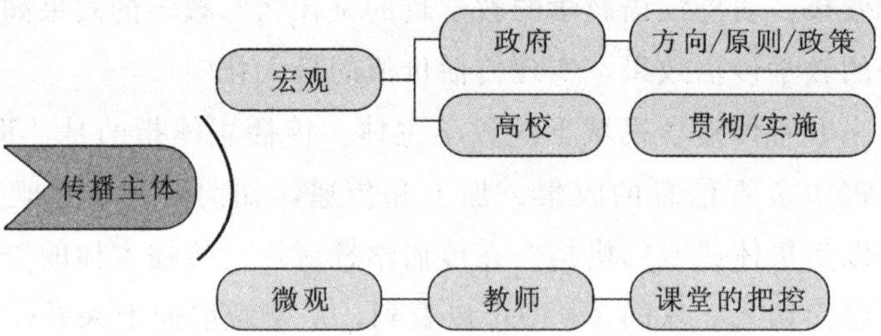

图 2-4　不同层面的传播主体

再来看看教学传播过程中的第二个基本要素，教学内容。教学内容的选择是对外汉语教学能够进行有效文化传播的关键因素之一。合宜的教学内容会受到留学生的青睐，也就会更易于取得较好的教学效果和传播效果，反之传播就会遭到冷遇，难以达到预期的效果。教学内容应该包含两大部分，其一是课堂教学，根据模块化教学理论，课堂上的教学内容主要包含两大模块，即语言模块和文化模块，并要按照模块特点制定和优化相应的教学内容；其二是课外实践，主要由相关的实践活动构成。

语言不仅是人类的交流工具，同时也是承载文化的符号，因此在传播学中把语言看作是信息编码的主要符号，知识的传授和文化的传播都是通过语言的传递来完成的。目前世界上许多国家都在有计划、有步骤地实施其语言战略，努力扩大其语言的国际影响力，特别是在全球化的今天，语言学习已经成为对外文化传播和价值传播的重要载体。就中国而言，要让其他国家更好地理解中华文化，就必须提高其语言优势地位。因此，我们一定要正确看待汉语言教学的地位，即其必须是对外汉语教学的核心。除了语言教学模块，文化教学模块同等重要，因为语言教学本身就具有跨文化的特点，它的目标就是培养留学生的跨文化能力。

语言与文化的密切关系在上文中已经详述，语言是文化的载体，学习另一种语言，也就意味着要去了解另外一种文化。你可以不学某种语言，而去了解某种文化，但是你一定不可以只学习某种语言，而不去了解这一语言所承载的文化，实际上完全脱离开文化的语言学习是根本不可能存在的。对外汉语教学是一种二语教学，二语教学本身就是一种跨文化活动。譬如，从家里出门，对遇见的人说什么，美国人说，"Today is a nice day，isn't?"中国人会说，"去哪儿?"或者"吃了吗?"不要以为美国人对天气感兴趣，又或者是中国人真的关心你要去的地方或是否吃过饭。事实上，这仅是两个国家的人在和你打招呼，他们只想对你表示友好，由于文化背景的巨大差异，导致了不同文化中的人打招呼的方式的差别，至于深究这些差别的形成原因，可以从历史文化的角度进行发掘，本书不做展开。需要强调的是，这里的文化是通过语言带出来的。

对外汉语教学设置文化教学模块的必要性主要基于以下原因：首先，学习一种语言，必然要接触其文化；其次，对外汉语的课堂是多元文化的课堂。在汉语环境下开展的汉语教学我们一直称为对外汉语教学，在对外汉语的课堂教学里，学生来自不同文化背景，在这样的课堂上，教师要做的事首先是让每一个学生了解中国文化，这是让他们建立起汉语学习的兴趣和信心的必要条件。在教学过程中，教师面对和自己文化背景不同的学生，要教会他们汉语首先要跨越文化带来的障碍；留学生在学习另一种文化时，就需要克服文化休克，在这个过程中教师要充分了解各个学生的文化背景，并进行充分交流，来培养他们的跨文化能力，这也是对外汉语教学"1+1+5"教学体系的目标。据统计，选择学习汉语言的来华留学生人数历年都达到留学生总人数的60%以上，这就促使接收来华留学生的各高校把汉语的语言教学列为重点，并把对外汉语教学提升到文化对外传播的高度，视为传播中国文化价值观念的有效途径。在对外汉语教学的过程中，需要充分继承和借鉴他国跨文化传播的理论成果和经验，通过传授汉语言，传播中国文化传统价值，致力于实现不同文明之间的沟通和理解、交融和互鉴，这已成为国内高校对外汉语教学内容选择的主基调。

在授课过程中，除了课堂上设置的教学设计，还应为留学生提供各种实践机会，这样不仅可以为留学生提供语言能力展现和跨文化体验的平台，更是对他们所学知识掌握程度的一种考查。如图2-5所示，为了能够有足够的实践空间，就需要教学实践的合作化。校企合作是一种极好的形式，国内高校可与国内或国外企业进行合作，让来华留学生有机会在实践活动中零距离地体验中国的历史文化、风俗习惯、宗教信仰，后文中我们还会对此进行详述。

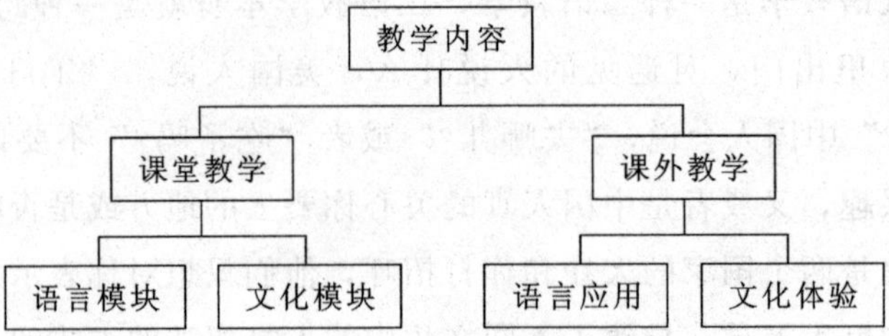

图 2-5 教学内容模块化

至于教学方法，在对外文化传播的过程中，传播媒介的使用会极大地影响传播的最终效果。因此，从传播学视域来看待对外汉语教学，不仅需要考虑作为“传播主体”和“传播内容”的教学主体和教学内容，还必须根据教学内容选定适合的“传播方法”，即适当的教学方法的选择。笔者认为，对外汉语教学的教学方法必须灵活化，这里的“灵活化”可以从以下两点来理解：第一，应贯穿多样性原则；第二，基于教学情境采用灵活的教学方法，以取得文化传播的最好效果。一方面，可以采用传统的对外汉语教学方法，如直观法、演绎法以及归纳法；另一方面，也可以运用多媒体技术及现代科学技术辅助教学，打造智慧课堂，推动对外汉语教学改革，如图 2-6 所示。

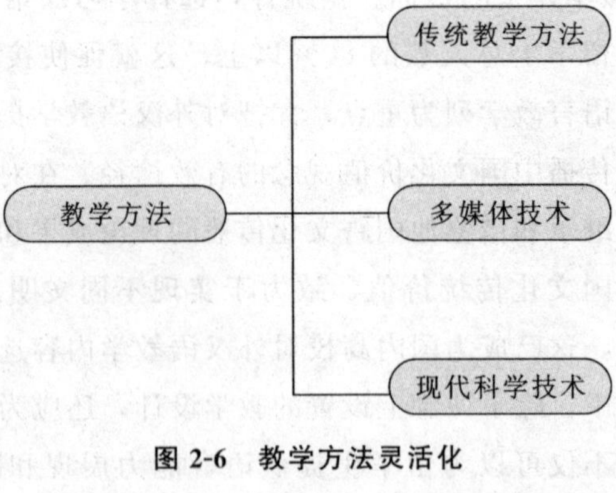

图 2-6 教学方法灵活化

就传播过程中五个基本构成要素之一的受众而言，他们是传播行为的接受者，是信息传播接受的一方，是传播活动中一个十分重要的环节，他们的身份、观念以及文化背景等对跨文化传播具有重要的影响。传播学视域下的对外汉语教学的受众即是课堂上的留学生，体系中的教材设置对象化正是对教学对象重要性的肯定。离开了教学对象，教学活动就失去了方向和目的，不能再称其为传播。只有充分根据教学对象因材施教，制定合理的传播内容，才能最终达到传播目的。传播学视域下的对外汉语教学的整个过程都以作为教学主体的教师进行教学内容的收集、整理、选择为起始点，借助媒介将内容传递到作为教学受众的来华留学生，并以他们对信息的接受程度和对信息做出的反馈为终点。一方面，教师总是直接或间接地向来华留学生表达着自己的传播意图，并有意无意地把他们接受信息的情况作为跨文化传播是否成功的参照；另一方面，由于来华留学生是对外汉语教学的对象和目标，我们往往需要根据教学对象接受信息的状态和反馈的结果来对教师、教学内容、教学方法、教材的设置等进行评价。因此，重视对外汉语教学中的教学受众在传播中的地位，有助于理解传播视域下的对外汉语教学过程和教学效果。

拉斯韦尔“5W 模式”中的传播效果是检测传播受众对传播主体通过传播媒介所传播的内容的接受度，进而衡量和评价跨文化传播的影响和效果。传播效果作为传播过程的要素之一，在跨文化传播学研究领域也有着较高地位，因为跨文化传播内容从传播主体发出以后，传播主体都希望借助跨文化传播从而对具有异质文化背景的传播受众产生一定影响。如果传播受众没有接收到传播者发出的信息，那么传播是失败的，也就更谈不上传播效果。对于文化对外传播视域下的对外汉语教学，我们应主要用来华留学生对中华文化的理解深度、认同程度作为教学效果的衡量。对外汉语教学对外传播的效果是基于来华留学生对中华文化的态度和行为产生的影响及其引发的社会效应的总和。从微观的传播效果看，一是来华留学生对中华文化的认知意识显著增强，二是在认知意识增强的基础上，引发来华留学生的观念乃至行为的改变，甚至吸引留学生主动效仿中华文化。就宏观的传播效果而言，对外汉语教学的对外传播除了让来华留学生了解、认识中华文化，更深远的意义在于增强中华文化的吸引力和国际影响力，促使中国文化获得更广泛的国际认同，进而提升我国的文化软实力。

跨文化传播模式包括传播主体、传播内容、传播媒介、传播受众及传播效果这五个主要因素，每个要素都是实施跨文化传播必不可少的环节。这种传播模式适用于大量不同种类的传播行为的研究，在本质上，可以将其灵活运用于其他领域的探索而建立起新的模式。这里我们将文化的对外传播与教学领域等结合起来，本书中所提出的对外汉语教学研究本质上就是在进行跨文化传播，是一种独特的传播模式。我们在拉斯韦尔“5W 传播”理论的启迪下，建立了全新的对外汉语教学的传播框架，其目的在于通过对外汉语教学来促进中华文化的对外传播。在文化对外传播视域下，国内高校的对外汉语教学是教师按照文化对外传播的目标和要求，选定合适的教学内容，通过灵活的教学方法，把语言知识、文化精髓、价值观以及审美观等传递给对外汉语教学的受众——来华留学生的一种传播活动，是教学者和教学对象之间的信息交流，从而使对外汉语教学成为一股推动中华文化走出去及中华文化的对外传播效果最优化的合力。

第三章　跨文化传播视域下对外汉语教学中存在的问题

全球化背景下中国经济的崛起、综合国力的提高和国际地位的日益提升，为中华文化对外传播提供了机遇，也形成了巨大挑战。随着国内外交往的深入，受西方文化的压力，中华文化对外传播过程中出现了诸多矛盾和冲突。为了能够更好地发挥高等院校在中华文化对外传播方面的重要作用，本章将从跨文化传播中寻找批评话语，以便厘清当下国内高校对外汉语教学的现状，从而为之后高校对外汉语教学的改进和提高指明方向。

第一节　中华文化对外传播的现状

在以中华文化对外传播视域为出发点讨论对外汉语教学现状之前，为了能有的放矢，我们首先要明晰中华文化对外传播的现状。中国经济的发展和综合国力的提高都极大地推动了中华文化的对外传播，“汉语热”在全球范围内持续升温。作为传播主体的政府在政策和资金上的支持以及国内高校对政府政策的有力执行，保证了对外汉语教学成为国家文化战略重要支柱之一。但与此同时，国际社会对中国形象的错误理解以及对外汉语教学传播过程中的各个要素所存在的问题也给当前的中华文化对外传播带来了更多的挑战。

一、中华文化对外传播的机遇

从20世纪80年代崭露头角，到21世纪的今天，全球化浪潮不可阻挡，迅猛发展，借助日新月异的科学和信息技术，全球化席卷全球，这极大地加深了国与国之间的联系，促进了各国之间经济和贸易的相互渗透，国际合作与共同发展成为世界主流。随着经济全球化打破了国家与国家之间的交流壁垒，各国的目标不仅瞄向发展经济、提高综合国力，鉴于经济和文化之间日益密切的联系，各国更是在经济全球化的背景下，开始将文化的全球化以及全球影响力的发展置于极为重要的地位。这从以下两个方面得以反映：一方面，各国纷纷开始重视本国文化及其价值观，将文化外交和文化建设作为国家软实力建设不容忽视的基石；另一方面，经济的全球化进程促进了不同国家、不同民族之间广泛的文化交流，各国也开始注重在外来流行文化的侵袭下去其糟粕取其精华，进而弘扬自己的文化特性。文化的多样性为不同国家的人们学习和借鉴异国文化成果提供了机会，全球化时代文化交流和传播载体的发展，如多媒体、新闻出版等都为文化的对外传播提供了有利的条件。可以说，全球化为世界不同文化之间的交流与互鉴创造和提供了广阔的发展机遇。

改革开放以来，中国经济迅速崛起，综合国力显著提高，继而中国的国际影响力不断增强，在国际事务中扮演的角色愈来愈重要。2001 年 12 月 11 日，中国正式加入世界贸易组织（WTO)，成为其第 143 个成员。加入了世界贸易组织后，中国不仅在 WTO 框架下积极推动全球经贸合作，还大力推进开放性、包容性区域合作机制“一带一路”。这极大地增强了自身的经济竞争力，创造了令世界瞩目的经济奇迹，也推动了世界经济的发展，中国也被视为拉动世界经济增长的“第一引擎”。根据国家统计局数据，从 2014 到 2018 年中国国内生产总值（GDP）呈现稳中有升的趋势，如图 3-1 所示。从 2016、2017 及 2018 三年来看，2016 年中国国内生产总值为 740 060. 8 亿元，比上年增长 6. 9%，2017 年中国国内生产总值为 820 754. 3 亿元，同比增长 6. 9%，2018 年中国国内生产总值突破 90 万亿元，达到 900 309. 5 亿元，增长率为 6. 6%。在 2019 年 9 月 3 日召开的中国发展高层论坛专题研讨会上，香港中文大学教授刘遵义提出：“从 1970 年至 2017 年，中国对世界贸易的贡献占比增长了 10. 1%。此外，中国目前还保持着约 6%的 GDP 增速，对于当今世界经济的增长作用非常重要。”① 再次肯定了中国经济的发展对世界经济的推动作用。

① 央广网，http://baijiahao.baidu.com/s?id=1643927583666528574&wfr=spider&for=pc。

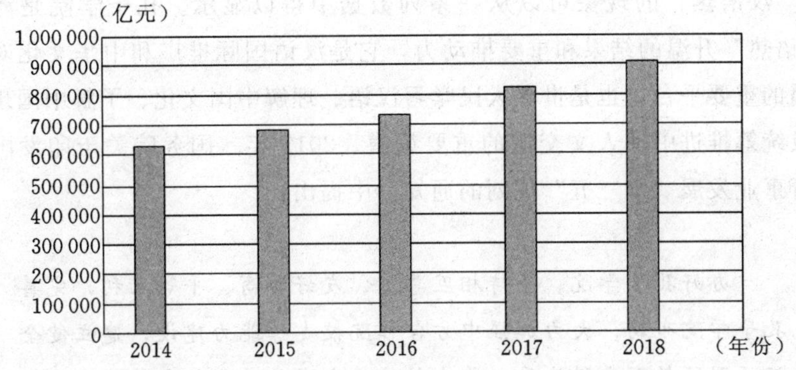

图 3-1　2014—2018 年中国国民生产总值[①]

中国经济的飞速发展也带动了国内其他领域的进步。2016 年世界最大的射电望远镜 FAST 在贵州建成启用。2017 年，中国标准动车组“复兴号”在京沪高铁正式双向首发，国产航母和 055 大驱首舰下水，可燃冰试采成功，世界首台量子计算机在我国问世；2018 年，中国航天器在无人涉足的月球暗面软着陆，全世界最长的跨海大桥港珠澳跨海大桥建成，在中国贵阳的烈变广场能看到全世界最高的人造瀑布，在中国山东的潍坊能看到全世界最高的无轴摩天轮，在中国上海能看到世界上首个深坑酒店——上海世茂洲际酒店。这些不仅是中国智慧的体现，更让世界各国对中国的方方面面产生浓厚的兴趣。对于发展中国家而言，他们迫切地想要了解为什么当今中国能够发展得如此迅速，并对发展背后中国的语言和文化产生了浓厚的兴趣，希望能够借助中国发展的思路，沿着中国发展的道路实现自己国家的繁荣富强。对于西方发达国家而言情况则较为复杂，一方面，他们希望借助中国经济的发展来带动当前本国的经济脱离凝滞的泥潭，因此，他们迫切需要了解中国，而另一方面，一些欧美政客以及部分对中国抱有敌意的媒体则不停地渲染中国威胁论，担心中国的发展会破坏他们在世界的霸权地位，影响他们对其他国家的操控。正是由于西方社会对中国看法矛盾横生，甚至同一名政客在不同场合对中国发布的言论都自相矛盾，这反而使欧美民众对中国兴趣大增，也就出现了经常提到的“汉语热”现象。

① 图来自国家统计局官方网站，http://data.stats.gov.cn/easyquery.htm? cn=C01。

“汉语热”的现象可以从一系列数据中得以显示。孔子学院是海外“汉语热”升温的结果和重要推动力，它是汉语国际推广和中华文化对外传播的重要平台，也是世界人民学习汉语、理解中国文化、了解中国现实以及统筹推进中外人文交流的重要渠道。2017年《国务院关于印发国家教育事业发展“十三五”规划的通知》中提出：

> 办好孔子学院。坚持相互尊重、友好协商、平等互利，完善孔子学院布局。大力加强中方合作院校支撑能力建设，建立健全汉语国际教育学科体系，着力打造一支高素质院长和教师专职队伍，大力培养各国本土汉语师资。办好孔子学院院长学院、示范孔子学院、网络孔子学院，鼓励中资机构、社会组织等参与孔子学院建设，不断提升孔子学院（课堂）的办学质量和水平。深入实施“孔子新汉学计划”，深化与世界各国语言文化交流，支持各国将汉语纳入本国国民教育体系，更加广泛地学习和使用汉语。

这进一步推进了国际教育交流事业的蓬勃发展，如前所述，可以看到当前孔子学院和孔子课堂的数量不断增加，参与孔子学院学习的人数也大量增加。

除了选择在自己所在国学习汉语，为了更为深入地感受中国文化，越来越多的留学生选择来到中国，亲身感受这个国家的魅力。一个国家的综合国力和国际影响力的提高，也会加速其文化的传播，并扩展其文化传播的广度，进而影响其他国家民众对其语言和文化的态度。近年来中国的巨大发展和变化已经吸引越来越多的人学习汉语和中华文化。根据教育部网站的数据统计，按经费办法统计，2018年获得中国政府奖学金的留学生数为63 041人，占来华生总数的12.81%；其他留学生429 144人，占来华生总数的87.19%；按学生类别统计，接受学历教育的外国留学生人数总计258 122人，占来华生总数的52.44%，比2017年增加了16 579人，同比增加6.86%；硕士和博士研究生共计85 062人，比2017年增加12.28%，其中，博士研究生25 618人，硕士研究生59 444人。2018年，非学历留学生234 063人，这说明越来越多的国家认可中国高等教育的教学水平和文凭。

"汉语热"现象的出现与中国的迅速发展以及所取得的伟大成就是分不开的，但同时也受我国外交政策的巨大影响。中国始终坚定不移地走和平发展道路，这是中国与世界各国发展关系的一贯原则。改革开放以来，这一政策的内涵不断丰富和完善，并取得重大成就。2017 年，习近平总书记在中国共产党第十九次全国代表大会上明确指出："中国坚定奉行独立自主的和平外交政策……中国绝不会以牺牲别国利益为代价来发展自己，也决不放弃自己的正当权益，任何人不要幻想让中国吞下损害自身利益的苦果。"这样的宣言极大地增强了世界各国对中国的信任并获得了广泛的赞赏，中国在世界人民心中已构建起和平的负责任的大国形象。随着中国在世界上的正面形象不断深入人心，一方面，中国政治影响力的扩大极大地推动了国际文化交流，另一方面，中国也积极地以国际文化交流为渠道，推动中华文化的对外传播，大力发展国家的软实力。

从传播学的角度看，国家是作为宏观层面统筹把握的传播主体，其对中国文化的对外传播的高度重视是中华文化对外传播的重大机遇。国家制定的大量的外交政策不仅为中华文化的对外传播创造了良好的现实条件，同时国家出台的一系列有关来华留学生教育的指导思想和政策，更为中华文化的对外传播提供了坚实的制度基础和物质保证。图 3-2 是 2010—2018 年中国政府出台的一系列涉及来华留学生教育的文件和召开的会议。

2010 年 7 月，中共中央、国务院颁布《国家中长期教育改革和发展规划纲要（2010—2020 年）》，明确要求"开展多层次、宽领域的教育交流与合作，提高我国教育国际化水平。进一步扩大外国留学生规模"①。为了落实这一发展规划纲要，教育部于 2010 年 9 月发布了《留学中国计划》②，提出"建立与我国国际地位、教育规模和水平相适应的来华留学工作与服务体系；造就出一大批来华留学教育的高水平师资；形成来华留学教育特色鲜明的大学群和高水平学科群；培养知华友华的高素质来华留学生毕业生"的目标。2014 年 12 月召开全国留学工作会议期间，习近平作出重要指示：

---

① 中华人民共和国中央人民政府网站：http://www.gov.cn/jrzg/2010-07/29/content_1667143.htm.

② 中华人民共和国中央人民政府网站：http://www.gov.cn/zwgk/2010-09/28/content_1711971.htm.

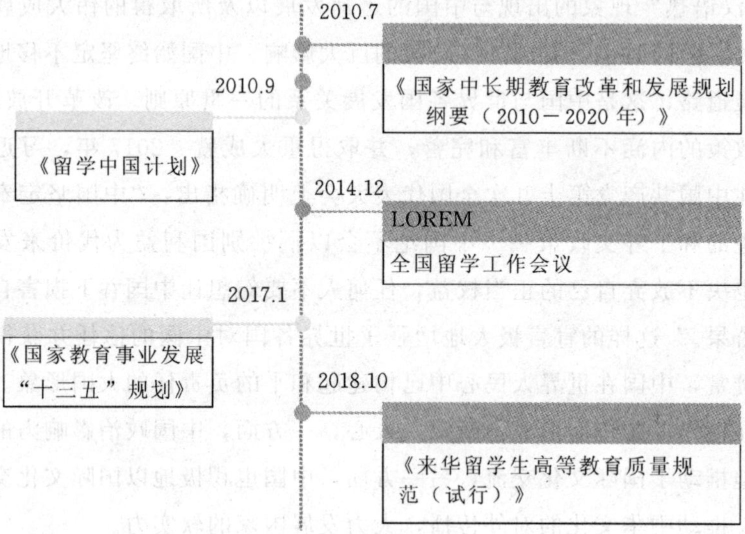

图 3-2　2010—2018 年国家出台的一系列涉及来华留学生教育的文件和召开的会议

> 留学事业历来与国家和民族的命运紧密相连。新中国成立以来特别是改革开放以来，党和国家高度重视留学事业，制定和实施一系列方针政策，推动我国留学事业取得了令人瞩目的成绩……新形势下，留学工作要适应国家发展大势和党和国家工作大局，统筹谋划出国留学和来华留学，综合运用国际国内两种资源，培养造就更多优秀人才，努力开创留学工作新局面，为实现“两个一百年”奋斗目标、实现中华民族伟大复兴的中国梦不断作出新的更大的贡献。

同年，教育部会同外交部、公安部出台《学校招收和培养国际学生管理办法》，要求各地各高校严把申请来华的留学生的入学门槛，对其入学资格进行严格审查，确保留学生符合高校入学标准，依法依规加强管理。2017 年 1 月国务院发布《国家教育事业发展“十三五”规划》，其中提到：

> 实施留学中国计划，打造“留学中国”品牌。建立来华留学质量标准和保障体系，提高师资和课程的国际化水平，加强来华

留学管理与监督，提升来华留学服务水平，稳步扩大来华留学规模。更好发挥中国政府奖学金的引领作用，创新奖学金管理模式，加强精英人群培养。

2018 年教育部印发《来华留学生高等教育质量规范（试行）》，要求高校将来华留学生教育纳入全校的教育质量保障体系，开展全国范围内的来华留学教育督导检查，查找漏洞，加强治理整顿，以保障中外学生的文化交流与合法权益，推动国际教育交流的有序开展。从上述出台的一系列政策看，党和国家领导人对来华留学生事业十分重视和支持，不仅制定了来华留学的长远目标和发展思路，也建立了完善的管理体制和政策保障，这些都成为留学生教育这一事业不断发展的坚强后盾。

来华留学生教育事业中的一个重要组成部分正是在高校开展的面向留学生的对外汉语教学课堂。中国政府高度重视对外汉语教学，1987 年成立由国务院 11 个部门的领导组成的“国家对外汉语教学领导小组”（简称国家汉办），体现了对外汉语教学事业对国家文化战略的重要意义。高等院校正是对外汉语教学开展和发展的主战场，而从传播学视角来看，高等院校是除国家之外的另一个层面的传播主体。在政府的主导下，高等院校的主体功能在跨文化传播过程中的作用日益彰显，在汉语国际推广和中华文化对外传播的事业中发挥着重要作用，不仅承担了来华留学生的汉语教学工作，让留学生感受中国的语言魅力，更是将这一学科的教学提升到文化传播的高度，培养来华留学生对以汉语为载体的中华文化的内涵和价值观念的认同，引导他们主动感受中国的文化之美。

二、中华文化对外传播面临的挑战

全球化推动了世界文化的多元发展，文化传播和文化交流的范围的广度和深度日益扩大，但全球化过程并没有解决认同问题，不同文化之间的直接接触，反而给文化的传播带来了更为严峻的挑战。这主要体现在以下几个方面：

第一，全球化会引发民族之间的矛盾，多样化的世界文化会引发文化认同危机。众所周知，全球化极大地推动了全球经济的发展，然而由于世界各国经济的发展并不是同步的，势必产生贫富差异造成的文化和观念的冲突，尤其是不可避免地出现国家之间的利益冲突。这些利益冲突如果解决不当，甚至会引发复杂的国际矛盾，当矛盾激化后，对权力和利益的争夺则极有可能演变成恐怖主义，盛行的恐怖主义将会给全人类的生活蒙上一层阴影，人们每天都提心吊胆地生活。如因认为拉美移民抢了自己的工作机会，沃尔玛枪击案的嫌疑人克鲁修斯对拉美移民产生了巨大的仇视，导致其在美墨边境小城埃尔帕索的一家沃尔玛超市大肆开火，造成20多人死亡和多人受伤。另外，全球化时代将人们放置于一个存在各种差异且不断变化的环境之中，人们不可避免地要思考自己的文化身份以及归属于什么群体的问题。随着交往范围的不断扩大，生活在全球化时代的人们具有了更多的文化选择，文化之间也就产生了更多的直接碰撞。再加上生活在不同国家框架内的个体会有不同的文化立场和不同的价值取向，文化的对话也就更加艰难，他们在面对这些文化碰撞的时候，很容易将文化上的认同与民族身份的认同重叠在一切，更加关注本国的利益，因此在与异国文化发生接触时容易采取拒绝和抵制的态度，在文化交往时容易先入为主地对他国文化产生偏见和刻板印象，由此引发文化认同危机。

第二，全球化进程不仅会引发恐怖主义及不同国家和民族之间的文化冲突，也会引发本国民族文化的动摇。一方面，全球化时代各国不可能生活在世界的真空层，不受他国的影响，科技的进步、传播媒体的更新及各种舆论工具的创新都促进了全球范围内不同国家文化之间的传播以及文化活动的扩展。但是传播过程中，本国文化不可避免地遭到“解构”，他国文化的影响会不断渗透进本国文化中，甚至导致文化趣味的低俗化，这不仅威胁到国民素质的提升，还影响到民族国家文化认同的基石，对民族文化的独立性产生剧烈冲击。

第三，全球化时代下强势文化对弱势文化形成了冲击和挑战。全球化虽然促进了文化之间的对话，但也为世界强势文化对弱势文化进行文化侵略提供了温床。强势文化利用全球化这一契机，“合理”地在全球推行其文化以及价值观。如西方发达国家利用其强大的经济实力，通过网络、先进科技等传播媒介不断地向其他国家传播其文化，并假借“正义”之名在全球范围内鼓吹他们所谓的“普世的价值观”，有时甚至不惜动用武力以达到此目的。这正是一种文化侵略行为，强势文化会通过支配甚至吞并其他弱势文化来实现本国家政治经济利益的最大化；强势文化所包含的生活习惯、思维方式和政治理念都会不同程度地影响和侵蚀弱势文化，不断冲击着弱势文化的根基，引发极大的文化认同危机。可以看到，二十世纪以来，在东欧的“颜色革命”以及近些年来在中东和北非肆虐的“颜色革命”都是在西方政治文化鼓吹和煽动下爆发的民族政治、文化和社会危机。

教育本身是一种传播活动，那么作为教育领域重中之重的教学活动自然也是一种具有传播性质的活动。对外汉语教学因其特定的教学对象和教学内容成为了一种独特的文化传播行为，这项教学活动通过将中华文化传播给来华留学生并对其产生影响，从而实现中华文化对外传播的目的，并达到文化对外传播的效果。当前，西方一些媒体，散播“中国威胁论”等不实言论，对中国大肆污蔑，严重影响中国的国际形象。对于中华文化的对外传播而言，伴随着全球化进程的日益深入，以西方文化价值观和行为模式为主导的全球化也在对中华文化产生日趋严重的侵蚀。此外，我国还需应对当前充斥于西方媒体和社会舆论之中各种污蔑中国的论调。西方社会视中国爱国主义为“狭隘民族主义”，视中国特色社会主义为“极权主义”，实际上，这正是当前西方社会对中国发展所持的一种误解。他们认为中国在国际事务中表现得越来越积极是对现存的世界秩序的巨大威胁，是对他们既有权力的挑战，“中国威胁论”的言论由此产生。然而，事实上，中国在发展过程中一直致力于本国事务，中国从未有过威胁世界的动机，也从未有过对其他国家造成威胁的史实。所谓“中国威胁”，不过是因为意识形态的差异。欧美国家早在冷战前就因政治体制的不同对中国的发展产生了极大的担忧，冷战后，中国经济、科技以及军事力量的飞速发展，更是让欧美国家产生疑虑甚至敌意，他们害怕中国很可能会取代西方发达国家的统治地位，成为世界的领头羊，也无法接受中国势头迅猛的发展与新的世界秩序的出现，甚至对中国独立自主的和平外交政策产生怀疑。有部分西方媒体、政客甚至不断利用其强势宣传工具，蓄意“妖魔化”中国，用假象替代中国现实进行虚构传播，把中国刻画成一个“毫无自由、人权和民主”的国度，这种将中国国家形象“妖魔化”的行为，严重损害了当代中国的国际形象，造成了国外受众对中国印象的误判，并将其作为一种“意识形态逻辑”在西方一代又一代的民众中延续，使得整个西方对中国社会形成一种惯性和固化的“集体想象”[①]。而来华留学生可以直面中国，切身感受中国文化，他们的态度和感情将在其归国后对周围的人产生难以估量的影响。因此，通过对文化传播视域下的对外汉语教学进行分析和研究，揭示其中存在的问题，指明发展的方向，可对中华文化的传播产生极大的影响，并进而回答如何达到中华文化对外传播效果这一不得不考虑的重要问题。

除了以上不利状况外，目前，中国的文化影响力与中国的国际地位极不相称。所谓文化影响力，即一个国家的文化对世界人民的文化生活所产生的影响，它是一个国家“文化软实力”的重要体现。在美国 Us News 评选的 2019 年文化影响力排名（Cultural Influence Rankings）调查中显示，中国的文化影响力排在第 19 位，比 2018 年上升两位[②]。从经济上来讲，中国已经成为世界第二大经济体，但文化软实力都远远不及美国、英国、法国等成熟的文化市场。作为历史最为悠久的古国，五千年的历史和强大的经济实力并没有让中国赢得世界文化大国的身份。《文化软实力蓝皮书：中国文化软实力研究报告（2010）》指出，我国文化产业占世界文化市场比重不足 4%，而美国则占了 43%，欧盟占了 34%，亚太地区占了 19%，其中日本占了 10%，韩国占了 5%。当前，美国文化产业在 GDP 中所占的比例已经达到 25%，而我国文化产业占 GDP 比重仅 2.6%。所以从整体上说，直至今天，中国的文化竞争力仍然很弱，中国文化“走出去”和提高中国“软实力”战略的实施仍然是困难重重，这也警示我们必须将加强文化传播，将提升我国的文化竞争力作为国家战略的重中之重。

上述情况严重制约着我国国家形象的塑造以及文化“软实力”的提升，直接威胁着国家的文化安全，中国的汉语对外推广和中华文化的对外传播刻不容缓。在国外，尤其是在某些欧美国家，孔子学院面临的困境就

① 袁三标，陈国栋：《西方话语权力生产背后的意识形态逻辑探究》，《思想战线》，2013 年第 1 期。

② 数据来源网站，https://www.usnews.com/news/best-countries/influence-rankings。

是这些欧美国家视其为软实力的威胁者的直接后果。因此，通过国内的来华留学生的对外汉语教学有利于他们对中国形象和中华文化形成正确看法，提升对外汉语教学的文化传播效果。

第二节　跨文化传播视域下对外汉语教学中存在的问题

如前所述，加大中华文化的对外传播对提升我国的文化影响力具有重要作用，只有提高文化影响力和竞争力，才能进一步提高中国的文化软实力，改变中国在国际话语权上的劣势地位，建构与我国经济地位相符的文化大国地位，并在外国受众心中树立正面的中国国际形象。然而，当前中华文化对外传播的现状与我们的期许仍然存在着很大的差距，如何解决这一问题显得尤为紧迫。在国内，高等院校开展的对外汉语教学在文化传播方面一直起着十分重要的作用，因为它的教学对象正是海外来华并对中国的语言和文化感兴趣的留学生。对外汉语教学不仅是语言的教学，更是文化的传递，通过这项教学活动可以有力地推动不同文化之间的交流和互动。世界各国人民需要通过对外汉语教学来观察中国、感受中国，中国也需要通过对外汉语教学来展示自己真实、全面的国际形象。在中国寻求世界理解和合作，打破“中国威胁论”的不实言论，促进世界全面准确认知中国的真实面貌，将中华文化传播到全世界等方面，对外汉语教学起着不可估量的重要作用，可以说，它已经成为中国文化对外传播的重要组成部分。但是，令人担忧的是，从文化传播的视角反思当前的对外汉语教学现状，对外汉语教学的各个要素仍然存在着一些亟待解决的问题。

从宏观层面上进行方向把控和政策制定的传播主体是国家和政府。中华文化对外传播的目标、方向及传播政策的制定、传播的路径和方式的选择、传播资金投入等都由政府进行组织推动。中国政府对于中华文化的对外传播发挥着重要作用，但也存在着一些不足，主要表现在当前政府的监管职能方面发挥的作用还有待提高。传播是一个复杂的文化传递过程，中间涉及很多不同的部门，因此政府的监控是否到位直接关系到传播效果的好坏。作为政策的实施者，国内高校也有一些需要改进的地方。高等教育本身是一个全方位、多层次的教学体系，留学生教育只是高校教育的一个部分，因此，当前很多高校对对外汉语教学的重视程度不够，这也直接影响了对外文化传播的效果。

对外汉语教师是文化传播视域下的对外汉语教学具体层面的传播主体，他们直接关系着对外汉语教学文化传播效果。师资力量不足是作为传播主体的教师层面存在的最为基本的问题。实际上，国内很多高校并没有独立的对外汉语教学队伍，而往往由文学与新闻传播学院或外语学院的专职教师完成授课，这就导致教师之间的教学侧重不同以及教学风格的差距巨大，难以形成系统的教学体系。如从武汉某大学在其官网上所公布的师资情况来看，大多数老师都来自语言学教研室，而非对外汉语教研室，甚至有些高校并没有设置对外汉语教研室。虽然语言也是一种文化，但是语言在大多数情况下都是一种形式，而非意识形态。多种渠道数据显示，汉语教学的师资力量明显匮乏，且在短时间内难以被填补。

除了传播主体的数量不够之外，师资水平则是另一个需要面对的问题，这主要表现在以下两个方面。其一，复合型专业师资配备不足。目前，高校对外汉语教师队伍中，会讲外语的人数量巨大，但真正深入了解西方国家政策法规、语言文化和社会制度的并不多，而通晓国际商务礼仪与国际法律的复合型教师则更为缺乏。随着越来越多的留学生选择来中国进行汉语言及文化的学习，生源数量与日俱增，生源质量也日益提高，这要求我们的教学内容进行相应的改进，并意味着需要更多的教师全身心地投入到汉语国际推广和文化对外传播的工作中来，但实际上，能够达到这一标准的师资力量还远远不够。其二，教师的跨文化能力有待提高。从跨文化能力来说，需要从两个方面考虑：第一，教师有足够的能力能够帮助留学生在中国文化环境下自如地学习和发展，这要求教师能够充分地理解留学生来源国文化与中国文化之间的差异、有基本的跨文化体验、有完整的跨文化知识结构。第二，教师要有全面的知识结构，能够胜任跨文化能力培养的工作。跨文化能力主要体现在留学生在中国文化环境下的社会文化能力、交际能力和语言能力，这要求教师不仅仅是一名语言教师，更要有跨学科的知识背景，交叉课程对师资队伍的建设也提出了更高的要求。

对外汉语教师自身的跨文化意识也需要提高，这可以从其对课堂教学的目标设定看出。对外汉语教师往往只注重实现语言技能和语言知识的学习，对课堂上文化的交流和互动关注不够。系统的课程设置需要有一流的师资队伍，因此国际汉语教师的知识结构、教学组织、适应能力、跨文化交际能力和为人师表的基本素养等都需要不断提高和完善①。另外，在课堂教学方法的选择上，多数教师采取讲授为主并辅之以语言操练的方式，重在语言知识传授以及语言技能训练。如果不能突破传统教学模式，则无法实现以跨文化交流和文化交际实践相关的教学活动推动文化传播的进程。

一支高素质的师资队伍是保证对外汉语教学对外文化传播效果的关键要素。理论上来说，对外汉语教师队伍应该具备相应的教学能力和专业水平，要能完成教学内容，对学生汉语学习中的偏误及其原因做出分析。更为重要的是，从事对外汉语教学的教师能针对文化传播的受众（来华留学生）的特质，对文化传播的内容（教学内容、教材选定、教程设置、教学实践）做出合理的安排，对文化传播的媒介（教学方法）进行合适的选择，具备能够在两种完全不同的社会文化里进行“跨”交流所需要的知识、经验和技巧。唯有如此，我们才有可能在教学过程中实现汉语教学和文化对外传播的双重目标，从而使对外汉语教学成为汉语语言推广与中国文化传播的有力推手。

来华留学生是文化传播视域下的对外汉语教学的传播受众。传播受众是传播活动效果的关键，因为传播效果的好坏正是根据“受众”对“传播主体”文化模式的适应度来进行评判的。传播主体发出的信息如果不被传播受众接受，传播过程无法继续进行，传播效果就会不佳，传播目的也就无法实现。对外汉语教学的文化传播的效果主要受到来华留学生意识形态与文化的差异所制约，因此，需要对留学生的文化背景和特点进行有针对性的研究。如前所述，2018 年共有近 200 个国家和地区逾 49 万名留学生在华学习，多元的文化背景决定了他们对中华文化的认同程度大不相同。根据霍尔的理论，中西方具有语境差异，中国属于“高语境文化”，西方属于“低语境文化”，东西方这两种文化的语言表达方式和思维方式虽然

① 王恩旭：《国际汉语教师自主发展导论》，沈阳：辽宁人民出版社 2014 年版。

会有一些全人类所共有的相似的规律，但更多表现出的是具有本民族和本国特色的认知习惯和行为范式，这种思维方式的差异会影响文化传播的效果。有部分来华留学生还会因为母国文化与中国文化的差异、价值观念和意识形态的相互碰撞而经历心理上的某种不适应，即“文化冲突”或者“文化休克”。

另外，留学生在其母国文化的价值体系中成长，因此他们在潜移默化中受到本国文化的影响，形成了由本国价值判断标准决定的思维模式，这种思维模式和价值观念早已先入为主，并无时无刻地在无意识地影响着留学生对异国文化的态度，这一点在来自不同社会制度和文化背景的来华留学生身上体现得格外明显。具有不同意识形态的来华留学生对中国的国家形象及中国文化的态度具有很大差异，来自社会主义国家性质的留学生，由于其母国与中国意识形态和社会制度的相似性，他们能够较好地适应中国的社会政治环境，也能一定地理解和认同中国的文化，因此当他们回国后，也都带着对中国的一份感情，成为国家之间文化传播的使者；而其他一些留学生，尤其是一些来自西方国家的留学生，受到其所在国家媒体的影响，会先入为主地对中国国家形象和价值观产生偏见和误判，形成对中国的“他者镜像”。这意味着对待不同国家的留学生，需要根据传播受体的不同特点，采用不同的传播策略，从而达成传播效果，即通过对外汉语教学实现中华文化的对外传播。

当今的全球化时代亟需更多具备高水平语言技能又熟悉中国文化的复合型跨文化国际人才。结合文化的对外传播的建设需求，在对外汉语教学的过程中，如何根据作为传播受体的来华留学生的特点与需求来选择传播内容，并以此来调整传播策略，成为当前亟需解决的课题。

提到传播内容的问题，更多的是传播主体需要注意的问题，因为主要是由传播主体在传播过程中根据传播受体的特点对传播内容以及传播媒介进行选择。当前对外文化传播视域下的对外汉语教学过程中在内容的选择上需要注意两点：其一，作为宏观的教学主体，国家政府在给予指导和规范的同时需要给予教师足够的灵活度，即教师可以对教学内容、教学方式和考核方式自主选择；其二，作为微观的教学主体，教师需要对留学生的背景有足够的了解，从而能够因材施教。比如对于来自汉文化圈的学生，仍提高对文化教学的重视度，而对来自西方文化圈的学生，教学的重心则可以放在语言技能的培养上。

当前的对外汉语教学在内容上仍然过于单一，基本上偏重语言的专业训练，对中国文化的教学传播仍有一定的缺失。笔者对河南某大学、陕西某大学等高校留学生对外汉语教学培养方案进行调研发现，如今各所高校虽然对文化传播重视程度日益提升，但从课程设置来看，更多的是以培养留学生的汉语技能为目标，课程设置更多的是对听、说、读、写的各项技能进行训练的传统科目，如汉语听力、汉语口语、汉语综合（精读）、汉语阅读、汉语写作等语言基础知识类课程与语言技能类课程，缺乏将语言教学与中华文化精髓相融合的课程，如汉语与历史、汉语与地理、汉语与中国哲学、汉语与艺术等跨学科交叉课程。而就笔者工作高校所在地的武汉而言，从各高校的课程设置可以看出，多数大学还是将教学重点放在汉语的听说读写方面，而对文化教学的侧重明显不足。这种课程设置的方法承袭了中国人学外语的思路，在应对 HSK 考试方面确实具有一定的优势，但从长期的语言推广和文化传播来看，这种课程的设置并不利于培养留学生对中华文化的兴趣，甚至有可能导致他们产生畏难情绪。

当前的课程设置里虽然也辅之以武术、剪纸、绘画以及书法等文化课的实践教学，但这却只能满足留学生对中国的好奇心，无法激发留学生从内心深处愿意了解中华文化的动力。如以中华文化发源地所在的河南某大学为例，其主干课基本上是按留学生汉语水平的不同进行基础课程的分级授课，虽然根据学校的自身特点相应地开展了如参观龙门石窟、朱仙镇以及包公祠等活动，但这些体验课大多是带领留学生参观文化景点，对历史背景还不太熟悉的留学生们在有限的参观时间内就只能走马观花地欣赏，缺乏对历史景观背后文化的深入理解。因此，要使汉语真正成为中华文化的载体，实现教学所承载的文化价值和意义，在对外汉语教学过程中将中国传统文化与基础语言课程融为一体的跨学科课程设置不可或缺。

教材可以说是传播内容的浓缩，它在教学活动中无疑占据了相当重要的地位。教师在教材中放入合适的传播内容，将课程标准具体化，将文化传播系统化，因此教材不仅直接影响教学效果，更是会对文化传播的效果产生巨大的影响。基于文化的对外传播目的，目前国内高校使用的多数教材存在两个普遍的问题。

其一，教材存在内容较为陈旧，教材更新缓慢，跟不上时代的问题。目前国内出版的通用型汉语教材容量较大，教材体系的更新速度较慢，导致很多当前优秀的中国人物事迹并未出现在现行教材之中，没有从实际情况出发，不能准确地向留学生讲述我国当前的发展及相关的文化风貌，也不能够充分地展现当前全新的国家形象。在教材的选择上，很多高校为了稳妥起见，在汉语教学过程中仍选择被广泛使用的经典教材，很少更换教材版本。笔者通过调研发现，各高校大多选取北京语言大学出版社出版的《发展汉语》为教材。该教材是为来华留学的汉语学习者编写的一套综合汉语教材，是国内比较经典的汉语学习教材，包括不同级别的听力、口语、综合、阅读、写作等课程共计 28 册。但纵观该教材的出版时间，大都出版于 2011 年和 2012 年，至今已有近十年，十年间中国社会涌现出的新的中国故事没有增添进教材中，因此素材的时效性和实用性就无法完全跟上社会的发展。

其二，目前课堂上大量的教学资源都是围绕着物质文化与通俗文化，如丝绸、茶叶、瓷器以及武术等方面，这些教学内容一方面很容易让国外受众了解中国传统文化的某一侧面，增进国际社会对中国的认识，另一方面由于这些物质层面的文化传播尚未触及中华文化的内在精神及中华文化的核心价值，留学生很难从中真正理解到中华文化的深层内涵。我们需要通过一系列教学活动让留学生切身感受中华文化的内涵，了解中华文化的传统。另外，多数的教材由教师根据其经验编写，不能充分地考虑到传播受众的情感、个性需求和认知规律，因此缺乏面对特定受众的针对性，如本科学历留学生的文化类课程中很多教材甚至是直接使用中国中文系学生的教材，缺乏针对性。

在传播内容方面除了存在更新速度缓慢的问题之外，更是存在着流于表层的问题。我们总是希望将传统文化作为中华文化的全部内容展示给世界，但在授课过程中我们对文化内涵的挖掘往往不够深入。另外，教师很少阐释文化意象背后的文化喻义，因此留学生并没有很深入地理解中华文化的全部，又何谈文化认同。此外，在理论课程之外，虽然我们还安排了种种实践课，也安排了留学生参观各种著名的中国景点，举办了各种文化周、文化节活动，以期通过这些活动让留学生感受中华文化的魅力，但在这些活动中我们主要展示的是那些能够体现中华民族心灵手巧和精湛技艺的杂技、京剧、武术表演等，这种传播活动由于承载的内涵不足，无法激发受众内在的情感共鸣，除了热闹，并没有给留学生留下更深刻的印象，并没有走进他们的内心世界。

在对外文化传播视域下，对外汉语教学中的教学方法本质上来说就是传播媒介，它承担的角色是在教学过程中，作为传播主体的教师如何将教学内容教给作为传播受众的来华留学生。当前，对外汉语教学的教学方法过于单一，这是一个需要面对的问题。目前国内针对来华留学生的汉语教学主要是以教师讲授语言知识为主的传统课堂教学模式，重在语言知识传授，辅以语言技能训练。换句话说，随着多媒体技术的广泛应用，当前我们对外汉语教学的传播媒介主要是依靠语言媒介、文字媒介以及图片媒介来进行的，但这种传播是一种单向的流动，教师一般习惯于选择预先设计好的最稳妥的方式进行教学，课堂环境相对而言比较古板。与此相对，西方国家的课堂模式则更为多样化，总体上来讲大都是活泼的、讨论式和启发式的，学生会对话题进行自由的辩论和探讨，这样学生对所学内容可以产生较为深入的理解。

另外，目前的对外汉语教学课堂也没有能够利用当下先进的教学模式。随着现代教育技术的高速发展及新传媒技术在今天社会各界中的广泛应用，我们完全可以借助网络技术，基于留学生的认知水平、心理特点和语言能力因材施教。仅从网络角度来讲，截至 2018 年 12 月，中国的网民数量已经达到了 8.29 亿，中国独特的传统文化和现代技术在网络上已形成了具有中国特色的网络文化，如在来华留学生教育过程中与之彻底割裂，则不利于留学生对中华文化的全面理解。

对外汉语教学在教学方法选择上存在的另一个问题在于作为传播载体的教学方法无法将传播内容（教学内容）的文化内涵充分展现。中国国际广播电台副台长夏吉宣表示："在对外传播中，不仅仅是要将一个名词、一个文化符号翻译给外国人看，而且要传递文化注解，给予内涵展示。"因此，考虑到中华文化对外传播关系着国家形象的建设和中国故事的讲述，如何让留学生的汉语教学突破汉语学习的时间与空间限制，更全面直观地接触到中国故事的文化内涵，如何将语言的理论学习与文化的感性体验相结合，多维度地了解中国、思考中国，加深对充满生命力的中国形象的理解，真正触碰到当代中国文化的精神内核，是需要我们对当前的传播模式与教学方法进行合理改进的方向。

反观当下国内高校对外汉语教学的际遇，应该看到，当前我国对外汉语教育事业发展迅速，为适应这一迅速扩大的教学规模，全国已有三百多所高校制订了庞大的外国留学生招生计划。另外，社会上以对外汉语教学为目的开办的教学机构也大量涌现，慕课、私播课、广播教学以及函授教学等多样化的教学模式不断涌现，并取得了良好的教学效果。从目前国内对外汉语教育的教学方法来看，除了传统的听说读写译等技能教学外，很多高校还开办了和传统文化相关的艺术课、才艺课等来满足来华留学生多样化的学习需求。从汉语教材的编写和汉语教师队伍建设两个方面来看，改革开放40多年以来，我国出版了数量可观、花样翻新的各类对外汉语教材和教辅材料，并形成了一支拥有约3 000多名专职、4 000多名兼职的对外汉语教师队伍，教学规模不断扩大。尤其是互联网的高速发展和多媒体科技的进步，极大地推动了对外汉语教学的发展，留学生学习汉语的热情高涨，汉语语言能力也随之提高，部分留学生还受邀参与中国老师的科研项目。通过参与项目研究①，留学生不仅仅学习汉语语言相关知识，提高语言能力，还能在汉语言阅读中学习中华文化，并通过文化比较加深对中国文化的理解，提升对中国文化的认同。

虽然我国对外汉语教学已取得了一些成绩，但还有一些问题与困难需要我们解决。当前，我国高校对外汉语教学仍存在复合型专业师资配备不足、教学媒介单一、课程设置对文化关注不够以及教材建设滞后等问题。对外汉语教学在我国学术界一向被认为属于语言学领域，众多与此相关的研究基本都在关注如何运用语言学理论和方法来解决教学中存在的问题，很少有学者意识到对外汉语教学的本质应该是一种价值追求，这使得当前的对外汉语教学更多的是一种技术层面的东西，过分注重语言教学，是一种表层的、带有表演性的教学形式，看似热闹，实则没有灵魂。我们还需

① 本书也是“当代英国都市小说与都市文化研究”（CSY19016）的部分研究成果。

要注意到部分外国人抱着功利的目的来学习汉语，主要是为了与中国人打交道，进行经济贸易及教育文化等方面的交流，因此，我们更需要在教学过程让他们真正感受到中华文化的魅力，从而能接受或欣赏中华文化的丰富内涵。此外，目前的对外汉语教学主要采用以语言教学为核心的教学模式，这不仅导致留学生在汉语学习中产生一定的文化障碍，也容易造成他们对中国文化认同的缺失。如何将语言的推广和文化的传播双刃合并，考虑来华留学生这一受众的特点，并结合当今中国的跨文化传播实践，构建有利于中华文化对外传播的教学体系，这是我国对外文化传播视域下对外汉语教学领域所面临的挑战。

第四章　对外汉语教学“1+1+5”培养体系构建

文化的对外传播是增强我国文化软实力的战略举措，更是实现中华民族伟大复兴的必经之路。让来华留学生能够切身感受到中国文化的魅力，从而形成他们的中国故事，并进一步成为中国故事的最佳讲述者，是对外汉语教学追求的目标。正是因为对外汉语教学中蕴含着对外文化传播的重大意义，当下的对外汉语教学研究无论是从文化传播的深度和广度上都还有极大的发掘空间。伴随着全球化进程的推动和世界文化的多元发展，传播和弘扬本国文化已成为世界各国语言教育的一种共同的价值取向。对外汉语教学中的这一价值追求对未来汉语是否能够成为真正的全球性语言起着重要的作用，它决定着汉语的未来走向，影响着中国软实力的构建。同时，传播模式的不断发展为其在教育领域的不断运用提供了理论支持，也为本书中所提出的对外汉语教学“1+1+5”体系的构建指明了方向。本章将具体讨论如何从传播主体、传播内容、传播媒介等各个传播学要素对教学过程的各个环节进行改造，从而推动中华文化的对外传播，并着重探讨如何在语言教学过程中加强文化的对外传播力度，激发留学生对于中华文化的热爱和认同，引导其承中华文化精髓，弘扬中华文化。

第一节　对外汉语教学中蕴含着对外文化传播的可能性及价值追求

2017年5月7日发布的《国家“十三五”时期文化发展改革规划纲要》明确了我国文化发展改革项目的重要任务：“文化开放格局日益完善，中华文化影响力持续扩大，中国故事、中国声音广泛传播，良好国家形象全面展示，国家文化软实力和国际话语权进一步增强，促进世界文化多样化发展。”留学生汉语教学恰恰提供了一个中外双方共同参与的、具有相当深度且可以全面深入探讨中国形象和讲好中国故事的平台。正如亚历山大·伍温所述，虽然语言教学并不能直接构成软实力，但其可被视为提升软实力的有力手段，可以通过其促进理解、树立正面的形象进而达到提升软实力的目的①。以此为阵地，通过留学生汉语教学活动可以极大地推动中华文化的对外传播、国家形象的塑造和中国故事的讲述，从而实现中华文化国际影响力的提升。

第一，从留学生自身的情况来看，他们是天然的中华文化对外传播者。根据教育部网站的统计数据显示，2017 年共有来自 204 个国家和地区的约 48.92 万名留学生来华学习，增速连续两年保持在 10%以上。这说明在国家相关政策的保障和各高校的积极配合下，中国对留学生的吸引力与日俱增。中华文明源远流长，上下五千年的历史为我们留下了数不胜数的文化瑰宝，这些对留学生有着莫大的吸引力，很多留学生选择来中国学习，基本都是出于对中华文化的热爱。出于对中国充满信心，出于对中华文化一定的认同感以及融入中国社会的意愿，他们浸润于中华文化之中，见闻中国的发展变化，在不断加深对中国国情了解的同时，对中国方方面面的认同感也不断增加。来自不同国家、具有不同文化背景的留学生群体同时又具备相当的国际视野，自然而然成为对外讲好“中国故事”、传播好“中国声音”的重要主体，成为传播中华文化“知华友华”的和平使者。如搜狐网所报道的来自肯尼亚的留学生范伟（中文名），范伟从小就向往中国文化，来到中国后不仅学习了梦想已久的中国功夫，更学会了大多数外国人都不了解的中国乐器——埙和葫芦丝，他甚至还从电视剧《人民的名义》里学会了“为人民服务”，并自愿担任春运志愿者。这正反映了一个来华留学生从被中华传统文化吸引到为当代精神内涵感召并付诸行动的过程。留学生将自己在华的所见所闻所思所想内化形成心中独有的中国故事，并将这些中国故事带回自己的国家。他们或将这些中国故事分享给亲朋好友，或通过网络传播这些中国故事，这些举措都会有助于传播中国“以和为贵”“和而不同”的文化思想及和平发展、和谐共处的文化理念，从而扩大中华文化的影响力。

---

① Alexander L. Vuving. How Soft Power Works [J]. SSRN Electronic Journal, Sep. 2009: 1-19.

第二，“人际传播具有比较强的双向性、互动性、直接性、普遍性、亲密性、习俗性以及与人们的日常生活工作联系的密切性等”[①] 特征，完全可以与其他传播手段配合从而更好地传播中华文化。随着新媒体的发展，网络技术“淡化了现实空间距离，从而使得人际传播的效果更为突出”[②]。2015 年公布的《外国人对中国文化的认知》报告中也显示，家人或朋友等人际传播渠道被认为是最可靠的传播方式。从留学生的角度而言，他们在深入体验中国生活和系统学习中华文化的基础上，可以用国外受众听得懂听得进、能接受和愿意接受的方式传播中国声音，从而成为中国故事最出色的讲述者[③]。尤其是在应对当前各种充斥于西方媒体和社会舆论之中的污蔑中国的各种不负责任的论调，以及部分西方媒体、政客无法割舍的“妖魔化中国”情结时，留学生都可以从自身所见所闻出发，以自身经历对这些污蔑给予最为有力的回击。如果来华留学生数量的增长为中国文化传播的广度提供了足够的保障，那么为了保证传播的深度，就需要从对外汉语教学体系着手改进。

第三，从对外汉语教学来看，它是保证中国文化对外传播的有力手段。2013 年以来，习近平总书记在重要讲话中多次向文艺界和传媒界提出“要讲好中国故事、传播好中国声音、阐发中国精神、展现中国风貌，让外国民众通过欣赏中国作家艺术家的作品来深化对中国的认识、增进对中国的了解”。因此，文化传播不能流于表面，我们不仅要让留学生对中国的饺子、长城、中国功夫、大熊猫等广为人知的中国符号留有印象，更要让他们触及到诸如“天人合一”“自强不息”等传统的中华精神。需要看到，世界范围内的“汉语热”其本质上实为“汉文化热”，这就要求在汉语语言教学时不能忽视汉文化因素。在留学生汉语教学过程中，不仅要传授汉语语言基础知识，还要帮助来华留学生实现生存适应、跨文化交流适应以及跨文化学习适应，从而形成他们自己的中国印象，构建他们自己的中国故事。

① 杨立川:《人际传播与社会主义核心价值观的培育》,《新闻知识》,2018 年第 1 期。

② 王晔:《新媒体维度下拟态环境对人际传播的意义生成》,《新媒体研究》,2018 年第 11 期。

③ 马春燕:《来华留学生:中国故事讲述者与国家形象宣传员》,《社会科学论坛》,2017 年第 12 期。

当然，强调来华留学生教学在对外传播方面的巨大作用，并不是否认国际环境对文化传播的重大影响。近些年来，随着“一带一路”倡议的发展，中华文化的独特魅力在“走出去”的过程中得以充分展示，相关国家不仅可以更为深入地了解中国悠久的历史和灿烂的文化，也在不断地主动认同并选择符合自身社会发展需要的文化精髓。这样的良性传播不仅有利于展示真实的中国形象，帮助“一带一路”沿线国家了解和认知当代中国，也进一步带来中华文化全球影响力的提升，从而形成具有吸引力、影响力、感召力的“中国形象”。在《2017 外国人对中国文化认知调研》中，“一带一路”沿线国家和发达国家在对中国认知上存在明显的差异，“一带一路”沿线国家对中国文化的认同感更高，有 70.1％民众认为中国文化是“亲切的”，这个数字远远高于发达国家的 47.4％。上述数据充分表明，在“一带一路”框架下开展的经贸文化交流有利于中国形象的提升及中华文化的传播与发展。此外，我国于 2004 年开始建立的效仿德国歌德学院的孔子学院也极大地提高外国人学习中国语言、了解中国历史和感受中华文化的热情。可以看到，以上所述的“走出去”与“引进来”的来华留学生教育正可以互为表里、相辅相成，两者的有机结合将更好地促进中华文化在世界范围内的传播。

当前对外汉语教学模式有其合理和可取之处，但笔者认为，在纷繁复杂的授课内容背后，中华文化的对外传播才是这一教育的根本目的，因此相比语言教学，更应该受到关注的是语言背后的文化价值。在教学中通过文化的交流与沟通架起人与人之间心灵和情感的桥梁，进而构筑起国与国之间理解和信任的纽带，并向世界展示中国的大国形象和中华民族的精神风貌。我们认为对外汉语教学的价值追求要体现在以下几个方面：

第一，实现汉语知识与能力价值。作为中华民族基本书写符号，汉字是中华文化创新与传承的最为重要的载体。对外汉语教学首先应从汉语言知识的学习入手，并以能够熟练掌握汉语文字以及语法为目标，“让愿意学习汉语的外国学生学习、掌握好汉语汉字，培养他们综合运用汉语的能力……并以此让外国学生了解灿烂的中国文化”[①]，为其了解汉语背后丰

① 陆俭明：《汉语国际教育专业的定位问题》，《语言教学与研究》，2014 年第 2 期。

富的文化传统底蕴及独特的语言魅力奠定基础。能熟练应用汉语这门语言是当前大多数来华留学生学习汉语的主要目的，是其从事与中国进行各个层面的交流工作的先决条件。为了能够从事如外交、经贸及文化等各个领域的相关工作，越来越多的外国留学生纷纷加入汉语学习的大军。考虑到留学生的层次及学习目的趋于多样化，他们对汉语学习的需求随之亦必然变得更为多样化。多样化的需求要求我们在进行汉语的推广工作时因材施教，最大限度地满足不同留学生的需要，从而扩大国际社会对“对外”的需求，进而形成一种良好的循环来推动学科发展。需要指出的是，这种“对外”需求和汉语语言能力培养紧密联系，对此，北京语言大学校长崔希亮教授曾提出“这个专业培养的人才不仅仅要有知识，更要有能力。这个能力包括组织能力、外交能力、文化理解能力、独立研究能力、语言表达能力、才艺表演能力、亲和力等等，当然最重要的要有教学操作能力。”① 另外，在汉语语言能力培养的基础上还要介绍中国的方方面面，中国社会的物质文化、人文风情、生活习俗等都应囊括其中，这不仅有利于留学生更好融入中国社会，更能够提高全球范围内人们对汉语学习的兴趣，并吸引更多的学生和社会人士学习汉语，亲身感受中国的巨大变化，体验中国文化的巨大魅力。

第二，中华民族文化的精神价值。任何语言都是符号，而任何符号都承载着一定的价值观念。西方学者布鲁赫（Maurice Bloch）提到，“言说的一方所采用的符号本身就规定着对方的话语形式，因此使用一定的符号也就意味着接受了其中的观念”②，这里的观念正是文化的所指。因此，语言不仅仅是思维、学习和表达的工具，同时在深层次上它更是承载着一个民族的文化传统及精神信仰，并向外界展示着该民族的精神特质和思维方式。因此，文化才是一个国家、民族的精神命脉，它早已渗透到社会生活的方方面面，成为民族“社会文化性格”或“文化特质”的基础所在。正因如此，作为文化载体的语言，其价值正是由其所承载的文化价值得以体现，对此，习近平总书记指出：“文明特别是思想文化是一个国家、一

① 崔希亮：《关于汉语国际教育专业的学科定位问题》，《世界汉语教学》，2015 年第 3 期。

② Maurice Bloch. *Political Language and Oratory in Traditional Society*. London: Academic Press, 1975, p.9.

个民族的灵魂。无论哪一个国家、哪一个民族，如果不珍惜自己的思想文化，丢掉了思想文化这个灵魂，这个国家、这个民族是立不起来的。”①语言与民族文化紧密相关，尤其对中国这样一个具有五千年文明历史的东方古国而言，中华民族创造的博大精深的文化传统早已镶刻入中华文化的基因，中华民族最根本、最深沉的精神积淀根植在每一个中国人内心深处，并潜移默化地影响着中国人的言行和思维方式。伴随着中华文化在世界范围的传播，对外汉语教学还必须注重语言教学的深度，即不仅要注重文字语法的传授，展现汉语文字语音的独特魅力，还需通过探究语言展现背后所隐含着的文化基因，即其反映出的国家民族的文化传统与思维定式。需要注意的是，无论是在国外还是在国内，学习汉语的外国人都是在学习、感受并力图掌握一种完全陌生的民族文化，因此，我们在教学时必须把留学生的注意力引导到中华文化的根基上，即中华民族的文化上来。这些在中华民族文化中起主导和定型作用，是中华民族价值观、道德观、思维方式、民族心理等民族特质形成发展的基础，教师在传授语言知识的过程中应帮助留学生加深对中华民族深邃的人文精神和价值观的理解。

第三，国际理解与交流合作中的主体价值。中国作为一个大国如何在国际事务中促进互相理解和交流合作，如何在国际理解与交流合作中发挥主体作用，这也是对外汉语教学的价值追求。“全球化在形式上为不同国家、不同民族以及每一种文化提供了话语空间，并且客观上要求进行新的文化整合”②，因此，各国文化在交流中都会取长补短，以适应全球化发展和文化多元的需求。任何文化的发展和壮大都离不开跨文化交流，语言教育在跨文化交流之中将发挥传播民族文化与促进民族文化发展的双重功能。中华文明历史悠久，汉语中蕴含着深厚的文化底蕴，能为当今世界提供优秀的文化资源。对外汉语教学则是能够将这些包括思想意识、价值观念等在内的中华民族优秀的文化底蕴推广到全世界的重要途径。通过对外汉语教学，国家间的文化隔阂有望被打破，从而建立各个国家之间共同的

① 习近平:《在纪念孔子诞辰 2565 周年国际学术研讨会暨国际儒学联合会第五届会员大会开幕会上的讲话》,北京:人民出版社 2014 年版,第 9 页。

② 徐晓林,吕殿学,朱国伟:《文化安全视野下的中国教育“走出去”战略》,《马克思主义研究》,2012 年第 1 期。

认知，特别是在中华文化和世界文化之间架起一座沟通的桥梁，以此促进国家间的文化理解和文化融合。当前，世界对中国及中华文化的态度存在着两种极端，一方面，由于跨文化沟通的固有障碍、意识形态的冲突与经济和政治结构的差异等复杂因素，导致不少西方国家对中华文化存在极深的偏见；另一方面，中国在各个领域的快速发展激起了外国人越来越强烈的了解中国的欲望，他们希望发掘中国能高速发展的秘密，他们渴望来到中国，与中国人交往，学习中文并了解中华文化。在这样一个大时代背景下，在文化传播领域已经稍显落后的中国需要以更为积极主动的姿态去传播中华文化。

如前所述，对外汉语教学可以正面引导和塑造外国留学生的主观认知，使其对中华文化形成情感向往以及理性认同。因此，作为文化推广前沿阵地的对外汉语教学在其中将起到至关重要的作用。在现阶段汉语国际推广的过程中，对外汉语教学多少有些急功近利，多少带有为介绍中华文化而推广文化的色彩。但事实上，汉语国际推广项目是否能够顺利实施或者说汉语能否推广成为全球性语言，主要还是取决于多数国家对中国语言及中华文化的情感认同与否。这种带有温度的情感认同，不仅有利于拉近中国和世界其他国家的距离，促进国与国之间经济、贸易以及文化等各个领域的交流，同时还能增强外国友人对中国的认同，也有助于中国在全球范围内建构积极负责的大国形象，它将有利于其“深度参与全球化并确立中国主体地位的角色意识，实现中国对世界文明的贡献”①。

二十一世纪全球经济和政治格局发生了巨大变化，中国抓住了全球化这一历史机遇快速崛起，国际地位不断提高。随着我国国力的不断增强及经济的跨越式发展，汉语也被越来越多的人认为是最有经济价值的语言之一，全球对汉语的需求也随之迅速增长，更好地与中国进行经贸活动成为他们了解汉语、学习汉语的动力。我们要以此为东风，让他们在学习汉语过程中能够深刻地感受和理解中国及中华文化，因此，汉语国际推广的战略布局应运而生。一方面这有利于提高我国的文化影响力，促进国家软实力的提升，另一方面也能够充分发挥汉语学习在文化交流与融合中的作用，让汉语成为促进异文化传播交流的桥梁，为中国的和平发展营造和谐

① 冯建军:《构建教育学的中国话语体系》,《高等教育研究》,2015 年第 8 期。

的外部环境，并为中华文化在世界舞台上发出中国声音提供一个广阔的平台。"当世界各国会说汉语的人数普遍增加到百分之五，中国在国际上的安全系数、形象系数、亲和系数都要大大高于目前"①，因此，对外汉语教学不仅是一个教育问题，更是一个重大的政治问题、外交问题。下一节我们要在这一价值追求原则的指导下，探讨着眼于中华文化对外传播视角下的对外汉语教学"1+1+5"体系的构建。

第二节　国内高校对外汉语教学"1+1+5"体系构建

传播学视域下的对外汉语教学是一个由教学传播主体、教学传播内容、教学传播媒介、教学传播受众以及教学传播效果构成的复杂体系。作为组织层面的传播主体国家政府和高校以及个人层面的传播主体教师对对外汉语教学的文化传播具有极为重要的作用；对外汉语教学的文化传播是在传播媒介和现代媒介的共同作用下实现传播目的；教学传播内容的选择直接决定了传播效果；作为教学传播受众的来华留学生让对外汉语教学有着其他学科无法比拟的文化传播优势。目前，国内高校的对外汉语教学在进行中华文化对外传播方面的效果还不够显著。鉴于此，本节将论述"1+1+5"教学体系中的"1+1"，然后再从传播主体的责任、教学传播内容的选择、教学传播媒介的设置、教学传播受众的考量四个方面提出提高对外汉语教学文化对外传播效果的具体建议。

一、对外汉语教学体系中的"1+1"

本书提出建构我国高校对外汉语教学"1+1+5"的教学体系，其中第一个"1"指的是一个教学核心，第二个"1"指的是一个教学目标。

第一，教学核心。对外汉语教学的核心是什么，对于这个问题，学界

---

① 金立鑫:《试论汉语国际推广的国家策略和学科策略》,《华东师范大学学报》(哲学社会科学版),2006年第4期。

一直存在争议。有的学者强调对外汉语教学的核心应该放在中国文化的传播上，甚至强调以教授中国传统文化为主。也有大量学者对此持反对意见，如陆俭明指出，汉语国际教学的核心任务与内容是汉语言文字教学；赵金铭也强调汉语国际教育应该首先树立培养学习者语言运用综合能力的教学目标，贯彻“用中学”的教学原则[①]。鉴于汉语教学最直接的目的是设法让留学生在最短的时间里学好、掌握好中国汉字，熟练地掌握汉语，并能够顺畅地与中国人进行交流，尤其是初级和中级阶段，语言教学是根本，而文化的学习实际上是离不开汉语和汉字的教学的，因此本书认为对外汉语教学的基础核心应放在汉语言文字的教学上。我们在教学过程中以语言教学为核心，但在给留学生教授相关的汉语言知识时，还可以通过教学过程中的素材选取、辅助读物等进行中华文化的传播，这两点并不矛盾。

第二，教学目标。国内高校在进行对外汉语教学时应将来华留学生的跨文化能力培养作为教学目标。跨文化是指具有不同文化背景的人们之间的交际行为。国内学者对于留学生的跨文化能力进行了一定的研究，如由北京高教协会外国留学生工作研究会编著的《北京高校来华留学生教育研究》一书中以来华留学生的日常生活、价值观念和学习层面的调查为研究基础，将留学生跨文化适应过程分为四个阶段，即初到中国阶段、文化休克阶段、适应深入阶段、文化融入阶段。朱国辉（2011）在其博士论文《高校来华留学生跨文化适应问题研究》中，对来自五所高校的262名来华留学生的跨文化适应状况进行了研究，指出来华留学生跨文化适应的过程具有三个维度，即心理适应、社会文化适应和学术适应。因此，留学生在华的跨文化适应是一个复杂而又长期的过程。对于这一传播受众而言，汉语学习的过程、用汉语进行交际以及阅读汉语文献等都是一种跨文化能力的体现。他们的汉语语言能力包括跨文化汉语交际能力和跨文化汉语阅读理解能力。同时，汉语中蕴含的丰富的文化信息也是影响外国学生汉语习得的重要因素。基于这些因素的考虑，文化理应纳入对外汉语教学的教学体系，汉语教学的同时必然要诠释所涉及的文化因素和文化现象，以便于学习者准确地理解语言，并能够恰当地运用这一语言进行交际，使教学

① 在本书的绪论部分也清楚地阐释了汉语国际教育与对外汉语教学的区别。

反映出语言和文化相结合的独特特性。

在当前文化发展机遇与挑战并存的时代背景下，我们在以汉语言文字为教学核心的同时，还应让留学生在点点滴滴中感受中华文化的独特魅力和影响力，让留学生成为语言和交际人才的同时，也能成为一个认可中国传统文化、美德和修养的人。为达到这一目标，对外汉语教学应将中华文化精华有机地融入对外汉语教学体系中，从而保持中华文化的必要张力。这不仅有助于我国对外汉语教学理论的丰富和充实，为对外汉语教学的改革实践提供理论指导，更可为国家文化发展战略提供现实支持。语言教学离不开文化，特别是由于不同民族、不同国家存在着文化上的巨大差异，所以必须重视跨文化交际问题，并在具体的教学环节予以重视，从而不仅能够让来华的留学生融入于中国的文化，更能让其有能力将中国的文化传播出去。

二、传播主体

在对外汉语教学文化传播中，主要存在着国家政府、高等院校和高校教师三级传播主体，也可以将其按照组织层面和个人层面进行划分，信息的导向、内容和渠道，即选择向受众传播什么样的内容以及何种传播方式能够达到最佳传播效果都由他们来决定，他们共同承担着文化传播的“守门人”这一角色。在对外汉语教学文化传播过程中，文化信息必须经过组织层面和个人层面的传播主体的筛选才能通过不同的传播媒介进入传播过程，因此不同层面的传播主体在对外汉语教学中发挥着不同的作用，也构建着不同的文化传播过程。

国家政府是处于组织层面最高层次的传播主体，它根据社会发展的需要对对外汉语教学给予宏观指导，制定相应的教育方针、课程目标和实施措施，把握对外汉语教学文化传播的方向，调控其宏观进程，因此它在很大程度上决定了文化传播的走向，对文化传播发挥着指导作用。高等院校是对外汉语教学文化传播组织层面的中层传播主体，它既起到根据国家政府相关政策对对外汉语教学实施过程进行具体的管理和组织作用，又对具体实施者教师起着规范和指导作用。高校教师是对外汉语教学文化传播的具体实施者，他们在国家政府和高等院校的管理和指导下进行文化传播活动。在对外汉语教学活动中，各级传播主体共同承担着文化传播的重任，在文化传播体系中发挥着各自不同的作用。组织层面和个人层面的传播主体在对外汉语教学中构成了互为依存的关系，组织层面的传播主体通过政策方针的制定影响和决定了个人层面的文化传播主体的传播方向，个人层面的文化传播主体在组织层面传播者的主导下进行文化传播，从而实现组织层面文化传播的目的，发挥文化传播的具体功能。

首先来看看传播过程中组织层面层级最高的传播主体：政府。就面向来华留学生的对外汉语教学而言，作为传播主体的中国政府，主要通过一系列政策的制定和调整，充分调动中华文化对外传播的主动性，并增强中国高校对国外学生的吸引力。大多数西方发达国家之所以能够将自己的文化变成强势文化，一方面是因为本国强大的综合国力和巨大的世界影响力，另一方面也是得益于国家政府的重视和支持，他们从文化发展战略的角度进行政策的制定，帮助本国文化更好更快地向外传播。对于中华文化传播而言，政府需要在考虑全球大环境下，调动我国优势的文化资源，做出覆盖面积更广、辐射范围更大的重大文化国策，体现将文化传播上升为国家战略层次的意图，可以考虑从以下几个方面进行具体实施：

第一，基于对外汉语教学的现状，制定国家层面的科学的文化战略。基于发达国家第二语言教学成功的经验，国家层面的文化战略十分重要，因此，中国政府应从战略的高度重新规划和设计与对外汉语教学有关的政策，更好地服务于中华文化的对外传播。政策的制定需要遵循以下两个原则：其一，科学性原则。作为国家层面的传播主体，政府在制定政策前应该宏观地考量国家与国家之间的关系，这是来华留学生教育工作的前提，也决定了国际教育发展的走向，选择传播什么以及选择什么传播方式也要遵循科学性原则，不能随市场经济的大流，更不能受到西方强势文化的压迫。其二，执行力原则。我国政府在围绕来华留学生教育方面已经制定了一系列相关政策，如何真正地将政策执行到位，而不仅仅是口号式的目标和指令，这也需要各级部门围绕上级层面的政策，出台和完善相关的配套操作，切实落实来华留学生教育质量保障的措施和职责。

第二，鼓励非政府组织加入。我国文化的对外传播是一个综合性的系统工程，这既需要由政府部门的主导来推动，也需要通过非政府组织力量来共同实施。在政策层面上，政府可以大力鼓励、引导、整合和支持文化企业、社会团体等非政府组织投入到中华文化传播的实践之中，相较于单一的政府主导，非政府组织的参与大大提升了文化传播的空间，在对外文化交流中可以发挥更大的效力。非政府组织可以为来华留学生提供语言锻炼和文化体验的机会，在不同的层面切实推进文化传播，提升文化传播的力量。特别是通过非政府组织还可以搭建国内外高等院校的合作平台，开展更多的文化传播活动，开放更多的文化合作领域。政府支持和非政府组织的加入，有利于形成更大的文化传播圈，从而尽可能保证文化传播内容的深度与可选择性，并将为服务于文化传播目的下的对外汉语教学输送更多的新鲜血液。

第三，政府对于在汉语国际推广和文化对外传播工作中作出突出贡献的集体和个人，可加大奖励的力度和荣誉的高度。对于在汉语国际推广工作中作出突出贡献的集体及个人，给予物质鼓励及荣誉奖励，使从事对外汉语教育的教育者可以见贤思齐，增强他们对外汉语推广和中华文化传播的积极性和主动性。从 2012 年开始，国家文化和旅游部每年都会举办“中华之光”——传播中华文化年度人物评选活动，至 2017 年已成功举办六届，旨在表彰为传播中华文化作出重大贡献的海外华人华侨、国内知名人士、团体机构和外国友人，增强全球华人对中华文化的自信心和自豪感，激励全球华人为中华文化走出去多作贡献，扩大中华文化在全球的传播广度和速度，提升中华文化软实力与国际影响力。每届都会评选出在传播中华文化方面作出突出贡献的十位个人和一个集体，表 4-1 为 2016 年和 2017 年的获奖集体及个人。

表 4-1　2016 年、2017 年传播中华文化年度获奖集体及个人

	获奖个人	获奖集体	特别贡献奖
2016 年	曹文轩，陈文雄，陈永栽，成中英，傅益瑶，嘎洛，金庸，南庚戌，余俊武，张素久	中央民族乐团	
2017 年	陈建中，宋南华，陈玉玲，黄嘉敏，左贞观，黄永松，陈国坚，张晓卿，赵季平，何莲香	“文化中国四海同春”	丹·牟德；丽娜、安娜姐妹

可以看到，获奖者中有“国际安徒生奖”获得者中国作家曹文轩、巴黎首位华人议员陈文雄、菲律宾华商领袖陈永栽、造福万千巴西百姓的宋南华、在南非为传播中华文化奔走的女英豪陈玉玲、以舞蹈为纽带的中美文化交流平台搭建者黄嘉敏等，他们每一位都代表了不同的文化领域，每一位都是推动中华文化走向世界的代表性人物。这类活动的持续举办，一方面，通过对为中华文化的对外传播作出重大贡献的海外华人华侨、外国友人和国内各界知名人士进行表彰，增强了全球范围内华人、华侨对中华文化的自信心和自豪感，而且一定程度上会激励更多的人投身对外汉语教学的事业中，全面推动中华文化的传播。通过宣传这些成功开展的文化交流传播活动，不仅会为对外汉语教学提供方向的指引，还能对该如何或者是从哪个角度可以“润物细无声”地进行中华文化的对外传播提供新的思路。另一方面，这些文化名人的故事也是课堂上极好的教学素材，不论是对外汉语教师又或是来华留学生都能从中受到某种感触，从而激发教师的教学热情和留学生的学习动力。

国内高等院校是集体层面具体实施教学过程的传播主体。它既需要根据国际教育的目标选择合适的传播内容，也需要对文化传播的过程进行管理，因此它是中华文化对外传播的重要阵地，是中华文化与世界文明成果交流和互鉴的桥梁。当前，随着有关来华留学生的各项法律法规和管理制度的逐步规范和完善，国内高等院校大多已经建立与我国国际地位、教育水平和规模相适应的来华留学生教育与服务体系，并已经在这一方面取得了很多引人瞩目的成果。

自 1985 年 5 月《中共中央关于教育体制改革的决定》颁布以来，许多高校扩大了招收来华留学生的自主权，随着办学自主化，各高校根据自身特点纷纷开展了有特色的留学生教学，教学规模也相应地不断扩大。在此过程中出现了高校盲目扩大招生，片面追求经济效益，满足于留学生招收数量而无视汉语教学质量的问题。针对这些情况，2018 年国家出台《来华留学生高等教育质量规范（试行）》，为政府管理、学校办学、社会评价提供指导和依据。其中专门强化了对来华留学生招生录取工作、培养质量、汉语水平和趋同化管理的要求，并针对部分高校教育定位模糊、对来华留学生实行“宽进宽出”的政策，教育部也积极寻求解决问题的方法，比如高度重视中国政府奖学金生源和培养质量，要求国家留学基金委和高校实施严格的遴选和录取程序，通过年度评审等方式对奖学金生进行严格考核，未通过评审的，中止或取消其享受奖学金的资格，切实提升培养质量和使用效益[①]。另外，国家也加大了处罚力度，对照《来华留学生高等教育质量规范（试行）》要求，教育部在全国范围内开展了来华留学教育督导检查，查找漏洞，加强治理整顿。2018 年，教育部严肃处理了 18 所院校在来华留学生招收、录取、签证等留学生管理工作过程中的各类违法违规行为，暂停 16 所涉事院校招收外国留学生的资格。即使这样，高校在对外汉语教学的管理方法和模式上也还存在着很多问题，如国家政策的执行能否到位的问题，大部分来华留学生的生源都是短期非学历自费生，学历层次不高，存在语言教学与文化教学结构不合理、留学生专业师资力量不够、师资队伍良莠不齐等问题。

在面向来华留学生的对外汉语教学体系的相互关系中，高等院校作为实施对外汉语教学的文化传播主体，在整个中华文化的对外传播过程中发挥着主要作用。高校直接面对面地与来华留学生进行文化交流，因此其应以传播中华文化为己任，通过对外汉语教学，不仅向来华留学生传授汉语语言知识，也应展现中华文化，弘扬中华文明，增强中华文化及其价值观的影响力，为提升国家软实力提供重要助力。需要注意的是，我国高校仍然缺乏从文化战略的高度来开展来华留学生教育的理念指导，自主开展文化外交的自觉意识较为淡薄，教学质量不高以及文化自信的缺失，都导致对外汉语教学文化对外传播的力度不够。面对这些问题，高等院校可从以下几个方面寻求改善：

第一，根据国家政府既定的战略目标和总体思路，进一步完善来华留学生教学和管理体制。在经济全球化、文化全球化和高等教育国际化的背景下，在国家政府所制定的总体文化战略目标的指引下，高等院校应从提升国家形象方面出发，出台和完善有关对外汉语教学和管理的相关配套政策。在教学方面，高校要考虑我国教育事业的现状及国际教育的发展规律和趋势，在重视文化传播目标、方式和途径时，充分发挥我国高等教育的优势，建立来华留学生的科学而完备的教学管理体系和教学质量评估标

① 源于央视新闻，http://baijiahao.baidu.com/s?id=1639560917704620444&wfr=spider&for=pc。

准，提高我国高校的国际声誉，以吸引更多来自发达国家以及高层次的国际学生来我国留学，从而为对外汉语教学提供稳定的且高质量的留学生生源。同时，高校应积极探索来华留学生的教育培养模式，鼓励教学质量提升的相关课题研究，并从经费和政策上予以大力支持。在日常管理方面，逐步实施来华留学生的趋同管理，将留学生的身份主要定位于“学生”，而非“外国人”，做好来华留学生的服务工作，让他们不为汉语学习之外的事担忧，以便能够全身心地投入到语言和文化的学习当中。

第二，加强对来华留学生教育工作文化传播战略意义的认识，强化来华留学生教育的学科发展和师资队伍建设。来华留学生教育，不仅是一种国际教育，更关乎着中华文化对外传播事业的成功与否，因此也是我国文化外交战略的一个组成部分。来华留学生的相关工作不仅需要国家政府各部门的统筹调控，对留学生教育给予权威的引导，更需要高等院校的尽职尽责和积极主动地与教育主管及其他部门的通力合作，全方位地推动和促进对中华文化对外传播具有重大意义的留学生工作，将这项事业看作是展示中华民族文化魅力，实现“中国梦”宏伟目标的一个重要部分。对教学工作文化传播意义的正确认识，能够从更高的角度为来华留学生教学的学科发展和师资队伍的建设寻找到正确的方向。在学科发展的定位上，要将文化的课堂教学和实践教学贯穿于教学过程之中，开设适合所有留学生学习的专业课程，充分发挥相关优势学科和特色学科的辐射力，让来华留学生实地体验各具特色的地域文化传统和千姿百态的习俗文化，感受中华文化的博大精深和厚重积淀。

师资队伍的建设方面，高校应开阔思路，调动各种力量来充实师资队伍的建设。在当前汉语教师资源不足的情况下，一方面，各高校应该加大对外汉语教学教师的人才培养力度，根据留学生的具体需求设置不同的专业和课程，更有针对性地培养出具有对外汉语专业教学水平和技能，拥有跨文化交际能力的高素质对外汉语教学人才。另一方面，我们需要打破当前高校院系体系，培养并支持一部分有志于此的老师，让他们能够全身心地投入到来华留学生的汉语教学当中。考虑到志愿者在此过程中的巨大潜力，在竭力壮大师资力量的同时，应充分调动志愿者的力量，并给予一定的资金支持，通过志愿者与来华留学生之间的良好互动，交流彼此观点，加深互相理解，形成文化传播的推动力。习近平总书记指出，要多用外国民众听得到、听得懂、听得进的途径和方式，积极传播中华文化，阐发中国精神，展现中国风貌，让世界对中国多一分理解、多一分支持[①]，这就对对外汉语教师提出了更高的要求，“丰富的知识储备、灵活的教学方法、生动的课堂讲解、良好的人际关系、较高的道德修养等都是至关重要的”[②]。

必须重视提高对外汉语教师的跨文化传播的自觉意识和专业能力。从教学能力而言，教师可以结合教学目标，合理设置教学活动，积累授课经验，通过灵活多样的教学形式，在课堂上营造学习中华文化的氛围，激发留学生主动探索中国故事深层文化内涵的兴趣，并在教学过程中将真实的中华文化形象传播给各国留学生。从知识结构上，当前教师不仅需要有深厚的语言学功底和娴熟的沟通技巧，更是要有着开阔的知识视野以及对中华文化的深刻理解，不仅要对我国优秀的历史文化有一定的积累，还要对当下发生的时事充分敏感，并能从中凝练出中华文化精神，从而可以在与留学生的接触中顺其自然地向他们传播中国优秀的文化思想。

除了需要集体层面包括国家政府和高等院校从宏观政策上促进教师队伍的建设外，更需要作为个人层面的传播主体即高校对外汉语教师有意识、主动地提高文化传播的能力。总体而言，教师是明确的传播主体，他们围绕着文化主体以教学这种独特的文化方式展开，属于文化传播过程中个人层面的文化传播主体。从文化传播角度来看，对外汉语教师的文化传播行为是在教育框架内有目的、有计划地通过教学活动来开展的，他们根据实际情况，决定什么信息可以传播，并将经过自己加工的、可以传播的文化信息通过传播媒介发送给受众。具体而言，对外汉语教学的文化传播过程就是以教师为主导的组织、引导、解释和调控过程，有着明确的目的性和过程性，是一种文化传播，在此过程中，对外汉语教师承担着组织者、引导者和调控者的角色。

其一，对外汉语教师承担的是文化传播活动组织者的角色，从内容上看，文化信息先是经过组织层面的传播主体的筛选，再经由作为个人层面的传播主体的教师对具有传播价值和意义的文化信息进行搜集、整理、设

---

① 中共中央宣传部:《习近平总书记系列重要讲话读本(2016 年版)》,北京:学习出版社、人民出版社 2016 年版,第 210 页。

② 李盛兵,吴坚:《汉语高效率国际推广研究》,北京:科学出版社 2012 版,第 300 页。

计之后，开始进入传播过程，即教学过程。教师依据对外汉语教学具体的教学环境、课程目标、教学内容和受众心理等因素，精心设计组织课堂内外的各项教学活动，包括解释、对话、组织、评价、反思等环节循序渐进地推动文化传播过程，以形成具有高组织性的对外汉语教学。从这里可以看出，对外汉语教师是对外汉语教学文化传播过程中具有主导地位的传播主体，古往今来的各种文化信息经过教师这一课程规划者和教材编写者的分析整理之后呈现在来华留学生面前，成为对外汉语教学文化传播的基本文化信息源，教师的文化修养、对文化信息的选择、加工和处理能力以及传播媒体的运用程度都会直接决定文化信息的传播过程。

其二，对外汉语教师是文化传播活动的引导者和调控者。教师本身也是中华文化的读本，教师对中华文化的兴趣、爱好以及理解都将直接影响来华留学生对中华文化的认知，他们在对外汉语教学的过程中必然会突破课程本身，而不是仅仅局限在狭义的对外汉语教学课堂和教材内进行文化传播，因而优秀的对外汉语课堂会表现出极大的文化张力。对外汉语教师在课程中体现出的知识、技能以及情感态度都蕴含着文化色彩，这是在以一种隐性的方式培养来华留学生对中华文化的正确认知。另外，对外汉语教学的文化传播是由教师和来华留学生师生共同参与的活动，整个过程是在教师的具体调控下进行的，是以教学目标和课程规划为准则具体开展的文化传播活动。从这个意义上说，教师是文化传播活动的调控者，这种调控既包括内容的调控，也包括组织方式和进展的调控，从而保证教学传播过程的方向性和有效性。

其三，在对教师文化传播主体的自我身份准确定位之后，就可以寻求如何从传播主体的角度来加强对外汉语教学文化对外传播效果的途径。一般来说，教育对教师的基本素养要求包括师德素养、学科专业知识素养、教学知识与技能素养等。教师高尚的师德素养、广博的专业知识、坚实的教学能力和合理的知识结构能够为成功的对外汉语教学提供良好的支持。要想成为一位真正的文化传播者，对外汉语教师就必须首先成为一个有文化意识的文化人，以文化人的心态从事教学，注意文化意识对留学生的影响和渗透。教学不能仅仅停留在最浅层的汉语语言知识，而要脚踏实地将教学深入到文化传播的层次。因此，这对对外汉语教师的文化素养提出了更加严格的要求，除了具有作为对外汉语教师足够的汉语言知识储备，还必须具备中华文化、民族传统以及历史典故等多方面的知识素养，同时还需要对本国的思想、文化、风俗等进行研究。

作为文化传播主体的对外汉语教师不同于一般的教师，他们既要有专业的语言知识和教学技能，也要有扎实的文化功底和跨文化交际技能，能够开展跨文化的汉语教学。如果对外汉语教师对于跨文化的理解存在一定的误区，则很难全方位地把握跨文化的全部内涵。正如许嘉璐先生所说：“要实现与西方文化的平等对话权，中国文化推广的力度就必须要加强。中国在向外面介绍汉语和中华文化时，应避免说教性。提供多样的文化形态，让人有亲近感。我们送出的是中国语言、中国文化和中国人民友好的心。”对外汉语教师首先要有清晰的文化传播思路，在课堂上和课后积极激发来华留学生对中华文化的兴趣，用留学生喜闻乐见的形式，让他们在潜移默化中感受中华文化的魅力。再者，对于对外汉语教师而言，不同文化间的交流和接触十分频繁，无论是课堂内外的教学科研，还是外出考察和文化交流，均能接触到国外的文化，所以必须要经历专门的跨文化培训。鉴于他国文化与中华文化不同的价值判断标准，如何求同存异、交流融合，向来华留学生传播中华文化，纠正因不同的文化价值产生的认知差异，仍是一个需要深入探讨和研究的课题。总体而言，对外汉语教师应重视来华留学生的反馈信息，同时尊重来华留学生所在国的文化、风俗、习惯和宗教信仰，尊重文化差异，结合自身的跨文化经验，树立“交流、互动、互鉴、共享”的跨文化传播理念。

拉斯韦尔的“5W 模式”中的“谁”就是传播主体，传播主体的行为决定了传播内容的控制，对传播过程发挥着决定性的指导作用。作为高级别的集体层面的传播主体，中国政府需要对几十年来的来华留学生工作进行思考，在总结成绩和不足之处的基础上，结合国内外的国际教育交流发展趋势，借鉴欧美发达国家的经验，根据国家改革发展的战略目标，从国家文化战略高度，更好地统筹规划来华留学生事业的可持续发展，适时调整和完善配套政策，做好政策上的引导和推广工作，出台相关环节的扶持和激励措施，建立具有中国特色的来华留学生对外汉语教学体系和日常管理机制。高校作为政府下一级的集体层面的传播主体，应在前者的宏观政策的指导意见下，切实更新教育理念和管理观念，在传授知识层面、培养国际人才模式等方面进行全面而科学的指导、监督及评估。虽然集体层面的传播主体并不直接参与留学生直接（课堂中）的文化传播工作，但在事实上却是起着积极的导向作用，他们对传播内容及方式的宏观把控直接地构筑了留学生进行中华文化认同的广义语境，也直接影响着留学生对中华文化的认同。

对外汉语教师是文化传播语境下来华留学生汉语语言学习和中华文化认知的主要控制者、引导者和调控者，是个人层面的传播主体。换言之，对外汉语教学是针对来华留学生开展的一种文化传播活动，因此其传播内容和传播方式确实深刻影响着留学生的学习效果。在这种语境下，对外汉语教师该如何把握文化信息的选择，具体在文化信息的选择上应该贯彻哪些标准，这都是在传播内容上作为传播主体的教师为了实现传播效果应该注意的问题。

三、技能性、思想性、时代性和实践性兼顾的传播内容

“5W 模式”中传播内容的选择是对传播效果产生重要影响的第二个因素，在对外汉语教学“1＋1＋5”体系中，“5”中的两个部分即教程设置模块化和教学实践合作化皆属于教学传播内容。对教学传播内容作出合理的选择，教学传播过程就易于受到来华留学生的青睐，从而取得更好的传播效果，反之传播就会遭到冷遇，达不到预期的效果。目前，对外汉语教学的文化传播的任务非常艰巨，对于如何通过教学内容的选择来提高文化传播的效果，笔者认为应构建技能性、思想性、时代性和实践性兼顾的教学传播内容模块，采取课堂教学与课外实践相结合的立体化教学传播途径，课堂教学主要集中于课程设置，课外教学主要关注于实践活动。

首先来回答一下如何让对外汉语教学的课程设置更好地服务于文化传播这一问题。当前国内高校的对外汉语教学的课程设置仍然偏重于语言类课程，在课堂教学中仍以传授知识为主，文化类和实践类课程相对缺乏。这里以武汉某高校面向来华留学生开设的汉语课为例。该校按照留学生的汉语水平将其编入不同等级的班级，如初级班、中级班和高级班，再根据留学生人数进行合适的分班，如初级 A 班和初级 B 班、中级 A 班和中级 B 班以及高级班（高级班因人数较少，没有做分班处理），2017—2018 年

每个级别的汉语课程设置如表 4-2 所示：

表 4-2　武汉某高校留学生汉语 2017—2018 课程表

初级班	口语 （4 节）	读写 （4 节）	听力 （4 节）	综合 （6 节）	
中级班	口语 （4 节）	阅读 （4 节）	听力 （4 节）	综合 （4 节）	写作 （2 节）
高级班	口语 （4 节）	阅读 （4 节）	听力 （4 节）	综合 （4 节）	写作 （2 节）

从这张课程表中可以看到，语言技能课和文化课的课程设置严重不成比例，初级班和中级班只安排了语言的基本技能课，而高级班一周也只安排了两节文化课，课时数量的局限极大地影响了对外汉语教学的文化传播效果。针对这个问题，在课程设置上，首先，应该增加文化课的课时，让来华留学生能够在真实的语境中感受中国传统，了解中华文化；其次，可以通过语言教学来促进文化教学，即把汉语语言知识置于中国文化的大背景下。语言教学的重要性已经通过体系中的“1＋1”得以体现，我们根据来华留学生的汉语水平，进行分级教学，依据不同的汉语水平，设置不同的教学目标，并以此建构系统而完整的对外汉语教学体系。在针对留学生进行语言教学时，还应尽量淡化应试过级的考试色彩，不能以通过该考试为目标，而应使汉语成为中国与世界各国人民交流文化的桥梁。

具体而言，可将专业训练和中华文化融为一体。将中国传统文化作为内容和例子，进行语言训练，包括汉语写作，也可以将传统文化典故作为引子进行针对性的训练。萨丕尔在《语言论——言语研究导论》一书中提出“文化即传播，传播即文化”这一为后来研究者广为认同的观点。结合萨丕尔的观点，笔者认为，来华留学生的语言教学本身即是一种文化传播过程，但基于来华留学生教育的特殊性，即文化背景差异巨大、对中国了解程度参差不齐，因此需要有针对性地进行课程设置。可以根据留学生对中华文化的了解程度和汉语基础知识的水平，在不同课堂上设置不同的文化教学目标。在汉语口语、汉语阅读以及汉语写作等基础语言课堂上可以穿插基础文化的讲解，从而进行隐性的文化传播。可以根据留学生的来源国对学生进行合理的分层，比如来源于同属东亚文化圈的日本以及韩国的留学生与来自非洲的留学生在文化教学上就需要有不同侧重。对于后者，我们在教学过程中需要从中华文化最为基本的比如“自强不息”“仁者爱人”等角度出发，而对于前者，我们需要更深入地讨论中华文化中的“天人合一”“道法自然”等主题。

如果说课程设置中存在的第一个问题是有关文化传播内容“量”的问题，那么课程设置中存在的另一个问题就是传播内容“质”的问题。高校里的对外汉语教学传播的内容多是浅层次的文化表象，也有学者建议“中国文化的对外传播需循序渐进。我们首先适宜传播外国人易接受的中国物质文化。而对行为文化，在对外传播中需要考虑对方的接受能力。精神层面的文化传播适宜缓行”[①]，因此一些高校也会基于这些考量，安排一些课堂内的剪纸、书法、太极拳、茶艺等文化课来进行文化传播。值得注意的是，尽管这些中华文化能够吸引留学生的兴趣，但也往往停留在新鲜的感觉上，因此也有学者认为，“尽管这些东西能够吸引外国人的兴趣，但也往往停留在‘猎奇’的层面，无法仅仅通过它们建立起对中国传统文化的认同。要真正传播并使别人认同中国传统文化，就必须展示中国传统文化中的关于人生、社会、政治等各个方面的核心理念，可以多开展这方面的大众讲座或各种形式的学术交流活动，让越来越多的人领会到什么是真正的中国文化”[②]。这里提到最重要的教学传播内容便是文化深层内涵的集中体现之处，即传统文化。

中华文化的对外传播在传播内容的选择上，首先应立足于传统文化。传统文化是中国道德、思想和观念的总体体现。要在世界文化交流中提高中华文化对外传播的力度，不断提高、扩大中华民族的世界文化影响力，就必须大力挖掘中国传统文化的潜在价值，因为一个国家的文化体系，取决于这个国家传统文化的积淀与传承。作为一个有着几千年传统文化的国家，传统文化对于中华文化的对外传播有着举足轻重的影响。所谓中华传

---

① 吴瑛：《中华文化对外传播效果研究——对 5 国 16 所孔子学院的调查》，《浙江社会科学》，2012 年第 4 期，第 150 页。论文将“文化”分解为物质文化、行为文化、精神文化，从三个层面研究孔子学院文化对外传播的效果。作者认为，物质文化包括中国概况、物质遗产、物质非遗产，行为文化包括日常行为习惯、传统民俗，精神文化既包括文学艺术，也包括孝、俭、礼、勤、恭、慎、谦等价值观。

② 李开盛，戴长征：《孔子学院在美国的舆论环境评估》，《世界经济与政治》，2011 年第 7 期。

统文化，就是中华民族在长期的历史发展过程中经过筛选、淘汰后逐步积淀而成并世代相传的文化，这些文化不仅具有相对的稳定性和长期的延续性，更是具有深厚的历史渊源、历史承递性和文化影响力。它们一直延续至今，不仅以巨大的力量影响着当代人的生活和思想，甚至也影响着社会历史的发展进程。五千多年来，中华民族创造了丰富多彩、博大精深的文化瑰宝，形成了富有强盛生命力、具有独特风貌的中国传统文化体系，在这个文化体系中，有许多优秀的文化成果，贯穿于中国历史发展的各个阶段。因此，一些昙花一现时过境迁就丧失了生命力的文化现象不可以被看作是传统文化。金涛（2005）把中国传统文化分为两种生存形态，即客体生存形态和主体生存形态，认为传统文化既以其典籍文献、文化物品等客观物化的形态流传下来，又以民族思维方式、价值观念、伦理道德、审美情趣、风俗习惯等主体化形态存在和延续。后一种主体内化的文化形态，就是我们通常所说的民族文化心理。如果说从时间上来对中国的传统文化进行定义，有学者（张岱年、方克立，2004）将1840年鸦片战争以前的中华文化划入传统范围，也有学者（刘新科，2002）认为中国传统文化泛指中国奴隶社会和封建社会时期的文化，如果把中国传统文化的下限放宽，也可以延至五四新文化运动前，但无论是何种依据的时间划分方式，中国优秀文化一定是具有丰富的普适价值内涵和自身特定的价值系统的。

因此，在选择对外汉语教学传播内容时，应以传播中华优秀文化的价值为出发点，挖掘其现代价值，展现中华文化魅力。在文化传播事业中不能忽略其时代意义去空谈传统文化，那样的话，文化传播也将事倍功半。因此，在传播中华文化时要将文化置于一定的历史情境下，比如说在向留学生介绍中国知名的历史人物、传统的经典学说和民族传统文化符号（如民族节日、风俗习惯等）时，我们不应该仅仅将其看作是博物馆里的陈列品，而应该挖掘当代发展需要的文化价值内涵和文化优势。比如孔子的“三人行，必有我师焉”、墨子的“兼爱非攻”、老子的“道法自然”等对当今社会的启示，民族传统中所反映的勤俭节约、尊老爱幼的优秀美德，以及天下大同的人类理想、民惟邦本的民本思想、自强不息的进取精神、天人合一的整体观念、贵和尚中的和谐思想，这些都是对外传播过程中需要我们强调的中华文化的价值精髓。传统文化距离我们并不遥远，在现实生活的强劲脉搏里，时时刻刻都能够感觉到它的存在。传统文化并不是一成不变的，在影响现实的同时，它的内涵也随着新的时代氛围发生蜕变和转型。因此，当前对外汉语教学的文化传播内容应以中华传统文化为主，这种选择一方面是基于传统文化自身的价值和特点，另一方面也可以规避当代文化中的一些意识形态的成分所带来的文化冲突。

在对外汉语教学传播内容的选择上，强调以中华传统文化为基石，并不是说可以忽视当代文化的重要性，在当前的教学过程中更需要注重现代文化的传播。经过四十多年改革开放之路，中国社会发生了相当大的变化，中华文化自身的内涵也在相应地不断更新，涌现出了各种各样的新事物、新风向。因此，在教学资源的选择上，我们不仅需要浸润传统文化的历史故事，更需要在教材中加入反映当代中国社会变迁的相关话题，从而真实全面地展现中国当代社会的文化元素，保证留学生对我国文化全面的了解和吸收，只有这样，留学生才能更好把握中华文化的最新脉动，理解当前中国社会的精神谱系。此外，在教学资源的选择上，也需要选择传统与当下相结合的教学材料，尤其是一些在今天仍展现着勃勃生机的传统文化精神，如以人为本的主体精神、仁者爱人的仁爱精神、老吾老以及人之老的关怀精神，都在深刻地影响着当代国人的生活，相关事迹不可胜数，教师需从中凝练出传统精髓并将之传递出去，让外国留学生了解作为一个文化大国，传统文化是如何在中国当下发挥作用，如何在中国方方面面的生活中得以体现的。在语料的选择上，还可选择蕴含中华民族特有的思维方式及价值观念的相关材料。比如对“民以食为天”进行讨论，结合网络上国人对自身“大吃货帝国”的戏称，来向留学生传递中国自古对人的生存状态的关注及其中所体现的人文关怀。从这个角度来说，对外汉语教学必须在一定程度上冲破对外汉语课堂语言技能教学的束缚，使它在一个相对开阔的视域里进行，可以根据留学生的汉语水平，通过开设汉语与交际文化、汉语与民俗文化等难度层级明确清晰的跨学科课程，提高其对中国故事的理解能力。

对于传播受众（来华留学生）而言，除了在课堂接受文化传播外，对外汉语教学也同样需要对来华留学生的课外实践教学予以足够的重视。当前的实践教学除了作为主渠道的课堂外，社会接触与实践也是来华留学生认知中国社会和文化的主要途径之一。如果说课堂内的文化讲解大多是一种单方面的知识传输，课堂外的体验和实践则是完成文化的传播和交融的过程。我们可以通过设置课外文化体验活动和文化实践活动来加强留学生对中华文化的理解。因此，在课堂渗透之外，高校需要创造充分的条件，增加文化体验课程和实践环节，从而让留学生能够进行直接的文化体验。令人欣喜的是，现在各所高校基本都开设了文化体验课和实践环节，如带领留学生去参观当地的文化景点，与中国民众进行广泛接触等，但如前所述，留学生在有限的参观时间内只能对相关景点建立大致的印象，无法真正深入地理解景点背后所包含的文化意义，我们需要做的是关注如何通过这些活动提高传播深度。

实际上，文化体验课无论是安排在课堂内还是安排在课堂外，都会对文化传播有着极大的推动作用，其最终效果都取决于对外汉语教师对整个教学过程的设计。就中华文化的对外传播而言，在文化体验课堂上，我们可以让学生根据课堂内容，将学习的处所如教室布置成具有真实中国风的情境，这样来华留学生可以在这种仿真的情境中，在与中国老师的交流与互动中，更深入地领会中华文化的特性与内涵。此时，留学生所面对的不再只是枯燥的教材上所了解到的文化信息，而是在丰富多彩的活动中，亲身感受中华文化，认知中华文化。这一过程不仅可以给来华留学生创造语言使用和文化体验的机会，同时也可以改变原有的文化心理结构，增进留学生对中华文化的认识和理解。比如在讲颜色的文化含义时，我们可以将教室布置成相应的颜色，如红色代表热闹喜庆，如果留学生能够多次在中国热闹喜庆的场面中看到红色，随着时间的推移，会逐渐形成新的文化心理。

另外，在文化体验课上所进行的文化传播，应该循序渐进，由物质文化到精神文化。物质文化一般都是看得见、摸得着的，可以让留学生感受物质文化，然后再逐步深入到文化深层结构的精神文化。如中国烹饪世界闻名，在向留学生介绍不同的中国节日时，可以告诉他们什么样的节日可以准备什么样的食物，如春节的饺子、端午节的粽子、中秋节的月饼等，随后再慢慢过渡到相关的餐桌文化以及这些特殊食品的文化内涵，待他们对这些美食有所了解并一定程度上理解和接受之后，再对中国人的餐桌文化进行详细介绍，进而传播中国文化中亲情、长幼、人情面子等一些中国特有的观念，使留学生能够对相关内容产生一定的理解，并深入领悟中国文化之精髓。

除此之外，对于课堂外展开的文化体验课而言，课堂外的文化体验课对留学生的汉语能力要求较高，一些和中华文化有关的小品、短剧的表演还有一些交际体验如中国称呼语、待人接物等都对留学生的汉语语言水平及文化现象的理解水平有着一定要求。比如带留学生到博物馆、展览馆、文化遗址、教育基地、城镇社区，甚至是田间地头参观时，为了避免走马观花似的参观，教师可以通过在参观前和参观后向留学生阐释文化背景知识，让留学生真正参与到文化体验中，鼓励留学生成为景点解说的志愿者或者博物馆的志愿讲解员。这样不仅可以锻炼留学生的汉语口语，也可以在讲解的过程中加深他们对中华文化的认知和理解，引导他们主动感受中华文化的独特魅力。

在课外实践方面，还可以加大文化交流活动的组织力度，实践基地的建设是留学生进行隐性学习的重要环节。当前，“汉语桥”项目已经为来华留学生学习汉语和进行中华文化交流搭建了极为重要的平台。基于该项目举办的“汉语桥”全球外国人汉语大会、“汉语桥”夏令营和“汉语桥”校长访华团等多种文化交流活动，不仅激发了留学生学习汉语和了解中华文化的兴趣，更让他们对中国人和中华文化有了更深的触动和印象，从而真正搭建起世界各国人民学习汉语和进行中华文化交流的桥梁。因此，我们需要举办更多类似的项目，不仅可以由政府来组织，也可以是由各种非政府组织、公益组织甚至是高校来推动，从而构建立体全面的汉文化交流推广项目。

目前，大部分留学生在课上了解到的中华文化需要加上感性的欣赏体验，才可能会带给留学生不一样的文化体验感。但是遗憾的是，在校内这样的机会对留学生而言十分有限，因此可以由中国学生建立工作坊，留学生以小组的形式进行文化预热、情节创作、角色扮演和舞台展示，从而为留学生提供语言实践的机会。各高校还可以在校园内举办“文化日”，在文化日里，开办多场具有中国特色的文化展示和文化体验活动，如教师书法作品的展示、民族乐器的演奏、太极拳的表演，还可以让留学生来亲手包饺子，让他们在这些活动中锻炼汉语语言能力，同时体验中华文化的精粹。另外，高校还可以在校园内设置“汉语角”，为留学生创造一个语言运用和文化交流的环境。高校可以根据自身特点鼓励留学生参加校内举行的文化民俗艺术活动，如武汉某民族高校在校园里开展了一系列民族知识竞赛，并以社团和协会作为依托建立了第二课堂活动平台，开展了一系列如民歌大赛、中华诗词大赛、诗歌朗诵、民乐演奏等活动，书法协会、剪纸协会、笛箫协会等有关中国传统文化的学生团体也受到不少留学生的喜爱。对于一些汉语水平较弱的留学生，可以将其与愿意提高自身外语能力和跨文化交际能力的中国学生分组，留学生可以从中国学生那里获得语言支持，中国学生也可以通过与留学生的交流提高自己的外语口语能力，互相学习，实现双赢。

除了组织具有中华文化特色的交流活动外，高校还应主动搭建来华留学生的社会实践平台，让他们亲身接触和体验中华文化的魅力。当前高校的来华留学生社会实践教育大致分为四种类型，即“政府搭台，学生唱戏”“社会组织搭台，学生唱戏”“高校搭台，学生唱戏”“学生搭台，学生唱戏”①。除了由政府和高校组织的社会实践活动外，还可以安排来华留学生到社区，加强与中国普通老百姓的交流，深入老百姓的日常生活，这些既锻炼了留学生的汉语实践能力，还能够帮助他们从细微处体验中国的民风国情。

面向留学生的课外实践活动还可以通过校企结合的方式开展。当前，政府在文化走向世界的过程中发挥了重要的主导作用，非政府组织在实施对外文化交流方面也已经成为我国文化对外传播的重要渠道。国家应该大力鼓励社会组织和中国企业参与到汉语言的对外推广和中华文化的对外传播过程中来，从而实现对外汉语教学的文化对外传播，特别是通过高校与国内企业的合作，能够为来华留学生提供在中国实习的机会，使他们有机会零距离地体验中国的日常工作生活，从而更好地理解中华民族的优秀文化，并提高他们对中华文化的认同感以及对中国的热爱之情。高校和企业的合作不仅能够加强文化传播的效果，对于留学生自身的发展来说也是极其有利的，他们可以在实践过程了解中国现状，把握中国发展的时代脉搏，这样才有可能把握中国发展所带来的各种机遇，从而实现自身价值，实现人生理想。对外汉语教学的课外实践部分如果能在开展过程中得到企

---

① 戴相斌：《国际化背景下在华留学生社会实践教育现状与思考——以广东高校为例》，《安康学院学报》，2015 年第 1 期。

业、社会组织机构等的积极参与，那么来华留学生就可以获得更多的接触中华文化的机会；而对于企业来说，通过合作，不仅可以得到对外汉语教学输出的专业国际人才，更可以提高企业的社会影响力和知名度，推动企业的长远发展。

既然传播内容包括课堂内和课堂外的，那么时间的安排就显得十分重要。以武汉某民族大学为例，该校的对外汉语教学课程分为语言技能课、语言文化课和文化实践活动（课）。全学期授课 16 周，期末一周复习考试。语言技能课、语言文化课为必修课，一般安排在上午，每周不少于 20 学时。文化实践活动（课）为选修课，安排在下午，每周 6～8 节。语言技能课包括汉语综合课、汉语口语、汉语听力、汉语阅读、汉语写作和汉字读写，语言文化课主要围绕中国历史文化展开。文化实践活动（课）包括武术、书法、剪纸、学唱中文歌曲以及绘画等课程，这些文化实践活动深受学生欢迎，增进了留学生对中国传统文化的理解。针对不同的班级，学时的安排也有所不同。笔者发现，少数民族的文化对来华留学生具有强烈的吸引力。少数民族文化的独特魅力，激发了留学生想要了解少数民族传统和文化的强烈愿望，但目前的教学课程设置并没有完全突出民族高校的特色，因此各民族高校有必要在对外汉语教学框架中加强少数民族文化课程的设置，加大实践教学课在课程设置中的比重，开设一些介绍民族地理、民族风情、民族歌舞、民族音乐等课程供学生选修，也可以设置课余实践性学习环节，安排一系列内容与形式多样化的课余实践活动，让留学生了解少数民族独特的才艺、歌曲、文学及舞蹈等。

另外，在对外汉语教学文化对外传播的传播内容的选择上，还有三点需要特别注意：

第一，要注重教学传播内容的时效性，这一点在教材的问题上表现得比较明显。当前国内对外汉语教材存在的问题就是教材更新慢，跟不上时代发展。教材虽然不可能时时更新，但教师可以通过课堂教学资源的补充，去填补教材在时效性上的不足。这一点在上文有关传播内容必须结合当代文化上已做阐释，这里不再赘述。

第二，以对外传播为基点进行教材体系编排，将中华文化符号和中国故事有机地融入其中，从而更好地展现中华文化风貌。每种文化都有支配着社会活动和文化心理的核心符号，“符号就是文化。人们的符号化过程，也就是人们就如何理解世界形成共识的过程，也就是一个文化的过程”①。文化哲学家卡西尔认为这些符号是通向文化之路的关键钥匙，符号与文化之间相互依存，文化需要特定的符号来表征。中国作为文化大国，不仅有生活文化符号，如茶文化、烹调文化、中医文化、服饰文化等等，还有艺术文化符号如唐宋诗词、书法文化、篆刻文化、音乐文化、戏曲文化、建筑文化等等，更有民俗文化符号如春节、元宵节、清明节、端午节、七夕节、中秋节、重阳节等等。因此，对外汉语教学过程中除了利用语言符号进行文化传播之外，更要注重直接的传递。在选取语料时可以选取一些具有中国故事性的文化符号，如兵马俑、长城、孔子、秦砖汉瓦、唐三彩、霓裳羽衣舞、玄奘取经、龙门石窟等，及一些具有标志性影响的国家形象符号，如中国功夫、国画、书法、传统戏曲、瓷器、茶艺等。当然，这并不是说我们要浮于表面符号的介绍，我们需要将上述文化符号有机地融入故事或一定情节之中，如从兵马俑可引申出秦王朝，进而从统一六国的角度讲述中国传统文化中大一统的思想来源，又如从武夷山的红茶品种大红袍的得名讲述穷书生进京赶考而高中状元的故事，进而推进到中国人对知识学习的重视。这不仅让留学生能够直接感受中国文化符号，理解中国文化符号，更让他们理解这些符号所蕴含的思想文化，从而在心中播下中华文化的种子。

对外汉语教学的文化传播需通过这些文化符号引起传播受众的注意，这样符号所凝结的文化价值才可以得到传播。一般来说，直观具象且形式化的文化符号更容易调动和激发传播受众的兴趣。但对这些具有吸引点的文化符号进行阐释时，要注意三个“避免”：避免过于渲染其观赏性，避免将文化符号进行图景化的片段呈现，避免使其沦为吸引来华留学生注意力的“肤浅表演”。“肤浅表演”容易导致文化符号与文化的深沉内涵的传递脱节，这种文化符号的展示方式无法使留学生成为理解文化内蕴的载体，潜在的文化意义无法得到传播。

第三，注重核心文化理念的诠释与传播。在文化对外传播过程中，其出发点和落脚点应该是核心文化理念的传播。核心文化理念是一种深层文化，深层文化传播不同于以各种文化符号为代表的浅层文化传播。浅层文

① 王政挺:《传播:文化与理解》,北京:人民出版社 1998 年版,第 78 页。

化可以较为直观、形象地让来华留学生对中华文化产生一定的兴趣，而深层文化的传播则要面临一定的理解障碍和困境，因此，深层文化的传播仅能在潜移默化的渗透中逐步开展。另外，对于我国而言，在对外传播核心文化价值理念时还要面临一层意识形态审视的障碍，所以，我国核心价值理念的对外传播要在策略上更加讲究，要注意文化宣传的方式，尽量减少敏感性话题和意识形态问题，从中华文化的价值观和世界各国人民对中华文化基本价值的共识入手，从贴近老百姓日常生活实际的民间文化入手，循序渐进，从而做到技巧与内涵的统一。

对于核心价值观的定义，国内著名学者关世杰教授指出：

> 从价值观的来源看，当代中国核心价值观来自中国传统文化、五四以来的新文化和外来文化。因而我们需要从中遴选出中华特色的核心价值观。当今具有中华特色核心价值观源自中国传统文化中的核心价值观（当然是对这些价值观的新的解读）和五四运动以来中国人民创造的新核心价值观。①

他继而提出了中国传统文化中的具有共享性的核心价值观，主要有仁、恕（己所不欲，勿施于人）、孝、和而不同、辩证思维、天人合一等。五四运动以来中国人民创造的新的且具有共享性的核心价值观主要有：共同富裕、和谐世界、人民至上、集体主义、集体人权②。在对外汉语教学的课堂上，我们应着重向来华留学生全面传播对人类有共享价值的核心价值观，以及能够促进留学生对于人类本质问题和现实处境生活进行思考的中国文化、中国思想以及中国精神，从而在全球思想观念市场塑造中国梦，表达中国核心价值观③。

传播内容是拉斯韦尔“5W 模式”中的“说什么”，它和中华文化对外传播直接相关，从这一角度看，我们要说的或者是要传播的正是中华文

① 关世杰：《试论对外传播中的共享价值观问题》，见《全国第二届对外传播理论研讨会论文集》（上册），外文出版社 2011 年版，第 511 页。

② 关世杰：《试论对外传播中的共享价值观问题》，见《全国第二届对外传播理论研讨会论文集》（上册），外文出版社 2011 年版，第 511 页。

③ 李希光，顾小琛：《舆论引导力与文化软实力》，长沙：湖南大学出版社 2013 年版，第 129 页。

化。为达到此目的，在对外汉语教学的课堂上，我们首先应重新对课程的教学目标进行设置，给予文化内容足够的关注。在文化课的内容设置上，应以传统文化的传播为着手点，多加入一些能够提高来华留学生文化素养的课程，如中国文化概论、中国民族风俗等课程，同时提供丰富的文化体验课，如武术、书法、茶艺、剪纸、麻将、中国结制作等，通过这些直观的文化符号激发留学生对中华文化的浓厚兴趣。需要注意的是，在将中国优秀的传统文化传播给来自世界各国的留学生时，应该对传播内容进行仔细甄选，选择最能代表历史上中国真实形象的传统文化，再将之与现代中国的社会发展状况、中国人的现实生活和文化理念巧妙结合，使中华优秀的传统文化真正显示出它的现实意义及时代活力，这些对文化深层解读的精神文化的传播才是中华文化对外传播的关键。另外，政府、高校和一些非政府的组织如企业、社团也应尽量为来华留学生提供一些文化交流活动和文化实践的跨文化的平台。通过这些文化交流活动来弘扬中华文化，使留学生更全面地了解中国，正确认识中国的国际形象。所以，当回答了“传播什么”的问题后，就可以更好地回答外汉语教师如何通过教学进行传播，即传播媒介的问题。

四、多样化的传播媒介

“5W 模式”下的传播媒介是指传播主体通过什么渠道将传播信息输送给传播受众。“传播渠道的多少决定了受传者在一定时间范围内有多大可能性接触到信源国的文化信息、是否能够经常接触以及每一次接触是否能持续较长的时间。接触的可能性越大、接触的频度越高、接触持续的时间越长，越有利于对文化信息进行精细加工。”① 多样化的传播媒介能够使受众更好地了解和接受传播信息。教育和传播具有内在的连接性，从宏观角度可以将教育本身看成是传播的媒介。钟启泉教授指出：

教育和传播天生地连接在一起，只是引起各自的侧重点不同

① 蒋晓丽，张放：《中国文化国际传播影响力提升的分析——以大众传媒渠道为例》，《新闻与传播研究》，2012 年第 5 期。

> 才有所区分。现在一般把“一连串的教学情境”或是“学习情境”的具体化，界定为“媒体”……教学情境是借助教师的讲授、教师书写的文字、教科书、电影、电视、电脑辅助教学或是实验、参观等得以具体化的。①

在对外汉语教学的文化传播方面，我们主要考虑的有两点，其一是作为传播主体的教师对媒体的使用，其二是教师如何通过一定的教学方法实现文化传播的目的。

在对外汉语教学中，教学传播媒介的多样性有助于教师更高效地将文化传播内容传递给来华留学生，从而满足具有不同汉语水平的留学生学习汉语和体验中华文化的多元需求。在教学媒体的选择和使用中，教师应该把握不同教学媒体的特点和功能：

> 为了真正实现问题取向以及由媒体支撑的自我监控和合作的教学形式，教师需要转换其支配性角色：他不仅仅是知识的传递者，更多的是基于多媒体学习环境的学习过程的激励者、设计者与支撑者，教师所具备的能力不完全等同于传统教学中所应用的能力。②

就目前高校对外汉语教学的文化传播方面所存在的问题，可以考虑从传统教学媒介、新媒介以及媒体与实物媒介三个方面来进行有效的传播渠道构建。

在教育传播中，按照不同的分类标准可以对教育传播媒体有不同的划分：按照媒体发展的先后顺序，可分为传统教学媒体和现代教学媒体；按照印刷与否，可分为印刷媒体和非印刷媒体；按照感官不同，可分为听觉媒体、视觉媒体、视听媒体、相互作用媒体；还有一些其他分类③。虽然当前教学过程中教师仍然需要发挥黑板、教材等典型的传统教学媒介的优势，但以传统媒介为主的课堂教学不再是唯一模式，教师更应该发挥新媒

① 钟启泉：《学科教学论基础》，上海：华东师范大学出版社 2001 年版，第 295 页。

② 钟启泉：《学科教学论基础》，上海：华东师范大学出版社 2001 年版，第 309 页。

③ 南国农：《教育传播学》，北京：高等教育出版社 2005 年版，第 100-101 页。

介的独特魅力，将传统媒介与新媒介整合，使用实物媒介，从而形成一股传播的合力，提高传播效果，具体如图 4-1 所示。

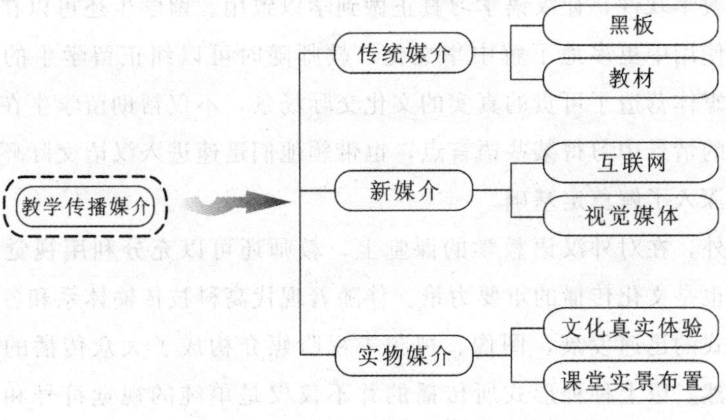

图 4-1　教学传播媒介构建

第一，教师在教学中应积极构建网络传播渠道，大力使用新媒体。党的十七大报告指出：“互联网作为世纪最具社会影响力的科技进步的手段和载体，带来了文化传播方式的深刻变革。要深刻认识互联网在文化传播方面的巨大潜能和可能产生的不可估量的影响，高度重视互联网的运用和管理，把发展积极健康的网络文化作为提高我国文化软实力的新引擎。”因而，教师要利用好这个低成本、高效率的传播平台。由互联网营造的媒介空间，尤其是对当今社会的教育产生了巨大而又深刻的影响。互联网强大的传播能力和渗透力，打破了以往文化传播的局限性，它已成为文化信息交流的最为迅捷的渠道。除了互联网媒介，随着现代社会科技的发展，新型教学媒体也不断涌现，“现代教学媒体不仅包括离线工作工具（如磁盘或光盘），而且也是在线处理问题的手段（如计算机网络上的学习活动），如果将两者结合起来，这些媒体将是有力的教与学‘工具’，它们能将多媒体的展示、交互、模拟与远程通讯的新形式结合起来”①。比如说手机软件的辅助学习功能能够帮助留学生更好地进行碎片化学习，而且手机软件的使用也可以将线上的课堂教学和线下的自学复习结合起来，大大地提高留学生在现实生活中的文化交际能力，有效补充了课堂教学的不

① 钟启泉:《学科教学论基础》,上海:华东师范大学出版社 2001 年版,第 306 页。

足。新兴社交媒体与课堂教学相结合增强了趣味性，留学生可以利用微信进行课前预习、课堂听写、作业提交以及课后复习等教学活动，也可以使用智慧教学软件，让汉语学习真正做到学以致用。留学生还可以在这些新媒介的使用中更多地了解中华文化，教师随时可以纠正留学生的表达错误。新媒体营造了可贵的真实的文化交际场景，不仅帮助留学生在完全真实自然的情景中习得某些语言点，也带领他们迅速进入汉语交际环境，为文化的深入了解奠定基础。

另外，在对外汉语教学的课堂上，教师还可以充分利用视觉传播媒介，这也是文化传播的重要力量。伴随着现代高科技传输体系和各种数字通信方式的迅速发展，图像、视频等视听媒介构成了大众传播的主要载体。当然，以上种种形式所传播的并不仅仅是单纯的视觉符号和图形图像，而是符号和图像背后所反映出的态度、观点或立场，以及其后隐藏的文化思维方式和价值理念。“这种模式重新建构了人与外在世界的关系。”[①] 视觉传播的重要性在于它形成了视觉化观看的模式，在课堂上，视觉媒介相比语言符号更容易实现文化的传播，因为留学生可以直观地了解和认识这一个国家的历史和现实，形象地感受和体验这一个国家的社会与文化。事实上，如果能够通过生动的视觉形象来展示中华文化的厚重，可以大大提高文化传播的效果。教师也可以通过在下课时间播放一段影视作品或相声小品，帮助留学生更好地了解中国的文化。通过视听取代思考，声像挑战文字，视觉化信息流动迅速成为文化和信息传播的主要方式。视觉传播的原动力是以刺激人们感官为前提的，一切提供观看信息的媒介，如电影、电视、戏剧、摄影、绘画、时装、广告、形象设计、网络视听等都在构筑着视觉文化符号传播系统，并越来越成为我们生存环境极为重要的组成部分。传播媒介和新媒介作为教学文化传播系统中的不同渠道，应保持各自的独立性，共同承担文化传播的使命。在当前的教学传播过程中，不应该只注重其中的一种而忽视另外一种，教师需要借助各种传播媒介，使得各传播载体形成一定的合力，提升教学文化传播的效果。

第二，教师在对外汉语教学中还应注重实物传播渠道的构建。一般而

---

① 李岩:《视觉传播中的技术理性批判——来自麦克卢汉“冷媒介”说的议题》,《新闻与传播研究》,2004 年第 4 期。

言，实物传播渠道主要包括文化古迹开发、会议、展览宣传等形式。对外汉语教学要增强文化传播力，不仅要充分发挥已有的媒介优势，还要全面发展和运用实物媒介。比如进行课堂实景的布置，比如在讲茶文化时，教师可带几种中国茶，让留学生品鉴，这可以带给留学生不一样的文化感受。除此之外，课堂外的教学也可以充分运用实物媒介，比如在留学生学习外出旅游用语以及一些旅游景点后，可鼓励留学生来一次真实的中国行，学习中国点餐语言和中华餐饮文化时，组织留学生去中国饭馆体验。总而言之，实物媒介的作用就是要为留学生创造真实的文化语境，让他们真正地接触和感受中华文化。

第三，在国际汉语人才的培养过程中，教师也必须通过一定的教学方法才能实现对外汉语教学的文化传播效果，在这一点上，霍尔再次给了我们极大的启示。在他的代表作《无声的语言》中，他不仅提到文化的三个层次，显性文化、隐性文化和技术性文化，也相对应地提出了文化学习的三种方式，即显性的学习、隐性的学习和技术性的学习，因此，我们也可以将其看作是教学文化传播的三种方法。

首先需要提到的是显性教学与技术性教学。霍尔认为：“显性的学习活动是通过规诫来传授的……显形学习是二元对立的，是非、黑白分明。打破或遵守禁忌，二者必居其一。”[①] 显性教学与技术性教学之间有着明显的区别，霍尔认为：“纯粹的技术性学习接近于单行道，通常是老师向学生传授，语言明快，有口头传授和书面传授两种形式。常常以这样的程序展开：开头作一番逻辑分析，接着是严谨的提纲挈领的讲授。”[②] 在对外汉语教学过程中，教师多半不会直接告诉留学生这样做或者那样做是不对的，这是违反文化规律的，而多半会选择向留学生解释不合适的原因，换而言之，教师多会选择技术性教学的方式来进行讲授。

其次，隐性教学。霍尔认为：“隐性的学习全然不同于技术性的学习或是显性的学习。其主要中介是一种供模仿的模式。成串的相关活动是同时学习的。”[③] 既然“模仿是习得恰当行为的方式，即成为社会成员的途

① 爱德华·霍尔：《无声的语言》，何道宽，译，北京：北京大学出版社2010年版，第54页。
② 爱德华·霍尔：《无声的语言》，何道宽，译，北京：北京大学出版社2010年版，第56页。
③ 爱德华·霍尔：《无声的语言》，何道宽，译，北京：北京大学出版社2010年版，第55页。

径”[①]，那么，在对外汉语教学中，教师同样可以使用与模仿有关的教学方法达到文化学习的目的，以此保证传播效果，这就是情境教学法和角色扮演法。情境教学法一般都会和角色扮演法共同使用。情境教学法重视模仿真实的场景，调动学生的情感和学习热情，使学生在寓情于景中整体把握并学会知识，培养学生在仿真的环境中养成解决真实问题的能力。在对外汉语教学的课堂上，我们同样可以模仿真实的文化场景，让学生扮演相应的角色，并思考和分析相关的文化问题。一般认为，角色扮演“是一种以培养学生正确的社会行为和价值观念为取向的教学模式”，角色扮演的实施过程一般来说“以真实情境为主线，通过学生对人物角色的分析和表现，达到提高社会认知水平，解决价值矛盾冲突，进行自我人格反思的教学目的”[②]。我们可以将留学生分成几个表演小组，设定表演情境，进行剧本编写。这些真实情境中的角色扮演活动会给予每位学生以语言锻炼和文化体验的机会，因此它可以十分有效地培养留学生跨文化交际的能力。当然，在表演的过程中，教师和其他留学生也可以充当评委，对各个小组的表演进行打分，这样既能调动留学生参加角色扮演活动的积极性，也可以在这些活动中加强留学生对中华文化的感知和印象，所以进行角色扮演也意味着完成了交际情境设计。

除了直接的面授教学，还可以通过案例式教学法和讨论式教学法来进行技术性教学。教师可以选用最新、最典型的文化案例，高效便捷地引导留学生以最快的速度切入文化领域，在开放的思维空间中开展主体和受众之间的文化互动。另外，教师还可以让留学生围绕案例写下关于这一文化案例的心得体会，完成另一种技术性教学，即书面传授。除了案例式的教学法，教师还可以采用讨论式教学法。讨论式教学法是从实践中发展起来的一种课堂教学方法，旨在为学生提供思考问题和讨论问题的空间，它可以打破传统的以教师为主的教学模式，更加关注学生的中心地位。在对外汉语教学过程中，教师可以将留学生分成小组，教师创设文化情境，小组成员共同努力、收集材料，共同讨论和研究相关的文化问题。小组活动的形式十分适合留学生的汉语学习，把留学生分成若干小组，既可以有效地

---

① 爱德华·霍尔:《无声的语言》,何道宽,译,北京:北京大学出版社 2010 年版,第 56 页。

② 蔡敏:《“角色扮演式教学”的原理与评价》,《教育科学》,2004 年第 6 期。

安排时间，也可以避免一个人回答问题的尴尬。当然，这种教学形式对留学生的汉语水平要求较高，因此更加适用于高级班的留学生。

总体而言，对外汉语教师必须充分发挥现代化教学手段在课堂教学方面的优势。在媒体升级、教育技术迅速发展的今天，留学生汉语教学也要突破传统课堂教学手段，充分利用各类网络技术资源，提高教学质量，改善教学效果。“新媒体不仅成为中外学生跨文化交往的信息和情感纽带，对该问题的研究更有助于把握中外学生跨文化交往的特点和作用，促进来华留学事业发展，推动中外沟通和相互友谊。”[①] 因此，教师不仅可以借助新媒体丰富课堂内容，活跃课堂氛围，还可以在课外通过微信群、慕课以及在线课堂等新媒体手段与学生进行无缝连接，在点滴之间将中华文化精髓渗透到学生的日常生活之中。

对外汉语教师还必须有针对性地开展教学活动，在课堂教学过程中宜采用灵活多样的教学方式，如采用讨论式教学，有意识地设置不同的讨论话题，引导留学生从跨文化角度对课程内容进行讨论，并为留学生讲述中国故事提供更多的素材，加深他们对中华文化的理解。由于来华留学生教育与孔子学院教育的类似性，对教师在教学课堂组织和管理、教学方式、现代化教学手段的应用以及沟通手段等方面也有着相似的要求[②]。在教学方式方面，不必拘泥于课堂教学，教师可以采取深度参与式教学模式，让留学生在实践中亲身感受中华文化的内在精神及核心价值，体会中华文化魅力，如去剧院参与而非仅仅观看戏剧表演，不仅要让其感受文化氛围，更是要让其全方位了解故事背景，从中感受到其所蕴含的文化内涵、精神信仰以及思维方式。在这里无论是课堂教学还是课外体验，都必须把学生的注意力引导到中华文化的深层，即在民族文化中起主导和定型作用的那部分文化，如价值观、道德观、思维方式、民族心理等，以此帮助世界各国人民加深对中华民族深邃的人文精神和价值观的理解。

教学传播媒介的最大作用在于优化教学的传播效果。在对外汉语教学

---

① 邓惠玲，安然：《虚拟社区中的跨文化人际交往特点探析——基于来华留学生“跨文化课堂微信群”的观察》，《对外传播》，2017 年第 5 期。

② 安然：《孔子学院中方人员跨文化适应能力理论模式建构》，见《第十届中国跨文化交际国际学术研讨会论文集》，第 24-30 页。

上，多样性的传播媒介的使用可以让留学生拥有多样化的文化体验，缩短留学生和中华文化之间的距离，让留学生积极参与到传播过程中。当然，现代多媒体技术的发展也相应地对教师提出了较高的要求，“多媒体学习环境的设计需要教师拥有多个领域的知识和能力，包括对最新教育理论的把握，对新学习文化的认识，对现代教学设计理论与实践的了解等等”[①]。

考虑到对外文化传播关系着国家形象的建设和中国故事的讲述，如何让留学生的汉语教学突破汉语学习的时间与空间限制，从而更全面直观地接触到中国故事的文化内涵，如何更好地构建“以学生为中心”的主动学习模式，多维度地了解中国、思考中国，如何将理论学习与感性体验相结合，加深对充满生命力的中国形象的理解，如何让学生能够真正触碰到当代中华文化的精神内核，还需要我们对当前的教学传播模式与教学传播方法进行合理改进。

五、教学受众

在“5W 模式”中，传播受众能否接受传播主体的信息并加以理解和认同是传播效果的最终检验标准。从受众的角度看，文化传播的整个过程是将对文化没意识的自然状态转变到自觉的有文化意识（culture-conscious）的状态的过程。传播学经验与实践证明，最佳传播效果是在传播活动中传播者与受众之间形成的心灵的沟通，实现实时的互动[②]。既然受众是传播活动的终点，是传播效果的最终实现者，那么了解关于传播受众的相关信息就变得十分重要。受众是一个复杂的群体，存在着大量的影响因素，如国别、种族、性别、年龄、职业、文化程度、爱好、经历、追求、心理状态、审美要求等，这些外在因素和内在因素会共同作用，决定受众对传播内容的态度。

可以看到，对外汉语教学是一种较为典型和直观的文化对外传播活动，来华留学生来自不同的国家和地区，有着各自不同的家庭、政治、社

---

① 钟启泉：《学科教学论基础》，上海：华东师范大学出版社 2001 年版，第 309 页。

② 丁柏铨：《广告文案写作教程》，上海：复旦大学出版社 2002 年版，第 167 页。

会和文化背景。他们到中国留学，学习汉语，了解中国历史和文化，进而成为中华文化与其他国家文化交流的使者及知华友华的国际友人。他们在中国学习和生活，在与中国人接触的过程中，能直观地学习汉语语言，体验中华文化。他们是多元文化的媒介，通过汉语教学，来华留学生将逐步形成角色定位的转变，并在潜移默化中不断增强对中国的价值观念的认同。很多留学生在归国以后，成为两国交往的重要桥梁，甚至是主要参与力量，从中华文化传播的受众转变为中华文化的传播者（主体）：

> 作为社会精英，留学生群体对各国政治、经济、社会的发展至关重要，很多留学生学成回国后成为国家政治经济的中流砥柱……例如哈萨克斯坦总理马西莫夫、埃塞俄比亚总统穆拉图、泰国公主诗琳通、约旦公主拉娅等都曾留学中国。中国的留学经历使他们对中国怀有浓厚的感情，也有助于他们推动自己国家与中国全面友好关系的发展。[①]

这正是一个跨文化适应的过程。留学生是一个具有双重身份的受众，由于他们受到母国政治环境、意识形态、根深蒂固的传统价值观念的影响，很难对中华文化全心全意地认同。但无论在跨文化适应的过程中是成功或是失败，留学生在中国的生活学习经历都会使其对中国的社会环境和文化价值有着真实而深入的了解和体验，这也可以看作是中华文化对外传播的成效之一。如美国跨文化传播理论奠基人之一迈克尔·H. 普罗瑟教授认为：

> 在有些文化中，差异性可能被认为是交流发生的条件，交流成功的标准不是赞同和遵从，导致来华留学生在汉语学习过程中产生文化障碍，进而缺失对中国文化的理解和认同，从而影响其对中国的认知。由于不熟悉沿线国家的历史文化与风俗习惯，无法根据当地特有的文化情境进行有效交流，导致沟通障碍甚至冲

① 叶淑兰：《外国留学生的中国观：基于对上海高校的调查》，《外交评论》，2013 年第 6 期。

突。差异问题正是跨文化传播的学科身份依托的基础。[①]

从文化对外传播的视角来看，只有当受众接受和认同异文化时，才可以说传播是有效果的，但如果不考虑受众对信息的接受心理及价值观念，就难以实现成功的传播。具体到对外汉语教学的文化传播，来自西方社会的传播受众大都或多或少地受到西方舆论影响，他们不仅没有接受我们主动传输的文化信息的意愿，有的受众甚至对此具有一定的抵触，这导致信息无法到达受众，就谈不上传播效果。中华文化在当代西方各种强势文化的影响下，如何成功地实现对外传播，已经成为当前必须思考的问题。此外，当前对外汉语教学应试化的价值追求导致了文化内涵和价值空间被极大压缩，文化传播在某种意义上沦为仅是基本的知识传递。在这种情况下，如何从传播受众的角度寻求改善，有效地进行文化传播也是必须思考的问题。

对外汉语教学的课堂不像演唱会、演讲、电视、书籍等是单向传播，它更多的是一种双向传播，传播内容到达传播受众后，可以根据受众的反应，来同步调整教学文化传播的其他因素，从而改进传播效果。传播主体应根据受众的心理，营造适合的文化传播环境，同时通过掌握受众的兴趣点、学习动机、文化期待与认同、心理需求等，来相应地调整教学策略，尽可能多地满足受众文化需求，进一步提升文化传播的效力，增强教学中文化传播的效果。

首先，要考虑受众的兴趣。来华留学生的需求和兴趣很大程度上影响了他们对汉语的学习兴趣和文化的接受程度。他们首先对文化信息产生初步反应，他们是否对文化信息产生兴趣，文化兴趣的吸引力和感染力直接决定了他们的接受程度。在此基础上，他们才会进一步产生接受、加工和输出的过程，使得他们的反应在一个环环相扣的链条上展开，为文化传播的实现奠定基础。面对感兴趣的文化信息，留学生就更容易发挥其积极性和主动性，这种积极主动性表现为留学生在教学过程中的积极参与。另外，由于留学生课后生活在一个共同的学习生活群体，他们之间的互相传

① 迈克尔·H.普罗瑟:《文化对话:跨文化传播导论》,何道宽,译,北京:北京大学出版社2013年版,第10页。

播信息，会使传播过程变得更为顺利并得到进一步优化。然而，如果是不感兴趣甚至是令其反感的内容，就会遭到留学生的抵制，传播效果自然也无法达成。

其次，要考虑学生的学习层次和学习动机。在对外汉语教学中，留学生是有意识的信息传播的接受者，也是传播过程的反馈者，因此他们的学习层次会直接影响其文化适应的能力。来华留学生大致分为两种，一种是学历性质留学生，他们或是通过中国政府奖学金或是以自费的形式来到中国学习一门特定的专业，如医科、理科和工科等。他们一般大都需要通过一年到两年的中文预科教育，经 HSK 考试取得相应的汉语等级证书后，才可进入正式的专业学习，因此，他们的学习周期较为漫长。学历性质的留学生的特点是学历层次高，汉语水平高，专业性较强，同时有较强的独立思考能力。对于这类留学生而言，他们对文化的感受和跨文化适应能力也相应较高。第二种是普通进修生或短期生，由于他们的学习层次参差不齐，学习时间也相对较短，因此，他们对文化的感受较浅，跨文化适应能力较低。根据 2018 年教育部的统计，接受学历教育的外国留学生总计 258 122 人，占来华留学生总数的 52.44%，比 2017 年增加了 16 579 人，同比增加 6.86%；硕士和博士研究生共计 85 062 人，比 2017 年增加 12.28%，其中，博士研究生 25 618人，硕士研究生 59 444 人。2018 年，非学历留学生 234 063 人。从数据中可以发现，近年来，越来越多的高学历国际人才选择来中国留学，这也是中国通过留学生教育来进行文化传播的好时机。

来中国学习汉语的留学生怀着各种各样的学习动机，想达到各自理想的目的和效果。例如，有的是商人，想更顺利地与中国企业和个人开展合作，洽谈业务；有的是计划来华旅游，想学习一些很实用的交际对话和基本的中华习俗、礼仪；有的旨在学习汉语，最终通过中国高校的入学考试；有的单纯想学习汉语和中华文化，想进行循序渐进的学习，达到掌握汉语和比较全面地了解中国的目的；有的对中国武术、绘画、书法、剪纸等某一方面特别感兴趣的，想在特长班里提高自己某方面的技艺；等等。所以不同职业、不同层次、不同动机的学习者们对文化信息的要求和期待都各不相同，而现今对外汉语教学体系中能提供的课程类型是有限的，很多课程的设置都是为满足大多数普通学习者的需求而准备的，没有考虑根据留学生的独特需求来设置专门的课型。然而，教学内容是传播文化的载体和路径，必须根据教学传播受众的特点和需求来设定不同的教学内容和设置具有特色的课程，运用不同的教学方法增强文化的传播效果。

最后，要考虑受众的思维特点与心理需求。坚持中国特色的文化对外传播时，需要充分把握传播受众的思维特点。任何传播受众都不可避免地会受到本国社会主流意识形态的影响，因此他们都是带着本国主流意识形态影响下形成的思维特点来看待异国文化的。另外，来华留学生在各个方面都有着自己的心理需求，他们对想要听到什么或是看到什么，都有着自己的观点。因此，作为传播主体的教师应该根据作为文化传播受众的留学生在传播中具有选择性的心理特点，结合具体的文化传播内容，选择相应的传播媒介，开展教学文化传播活动。基于此，期待对外汉语教学能够取得良好的文化传播效果，就必须以来华留学生为主体，充分考虑其兴趣、学习层次和学习动机，采用符合国外传播受众心理需求的传播方式来传播中华文化，“对症下药”才是最有效果的文化传播方式。

紧密结合全球化视域下文化传播的建设需求，根据传播受众方方面面的特点，重新构建对外汉语教学体系，还需要从教材编写和教学方法两个方面做出较为全面而细致的调整。教材的编写主要涉及的是传播内容的选择和加工，教学方法主要涉及的是传播媒介的选择和应用。在前文已经陆续阐述了教材方面的问题和应该做出的改进，这里主要结合来华留学生的上述特点进行相关的深化讨论。1995 年和 1996 年，国家对外汉语领导小组办公室发布了汉语教学和水平等级大纲，其中就提出了中国历史文化知识传播的基本要求；2002 年，国家汉办组织编写出版了《高等学校外国留学生汉语教学大纲——长期进修》《高等学校外国留学生汉语教学大纲—短期强化》《高等学校外国留学生汉语言专业教学大纲》，不仅规范了各种形式的来华留学生的汉语教学，也在内容上强调了中国社会生活和文化传统思想传播的重要性。

2009 年 12 月 19 日至 20 日，汉语国别化教材国际研讨会在福建厦门大学召开，这是学界第一次召开有关国别化教材的高层次专题研讨会，体现了国内外学者对国别化教材研究的关注和重视。此后，分别于 2011 年 10 月 28 日至 31 日在广西桂林电子科技大学举办了第二届；2013 年 11 月 2 日至 3 日在山东中国海洋大学鱼山校区举办了第三届；第四届于 2015 年 5 月 23 日至 24 日由厦门大学、重庆大学和意大利米兰国立大学联合主办，重庆大学国际学院承办。会议已经由中方单独举办发展到中外合作举办，足以见得汉语教材及汉语学习的影响力和重要性。无论是从政府对教学大纲的制定，还是相关的会议召开，都反映了我国政府和学界对对外汉语教材编写的重视，但遗憾的是汉语教材目前还是我国对外汉语教学文化传播较为薄弱的环节。为了编写出服务于中华文化对外传播，并适合各个国家来华汉语学习者学习的教材，需要关注教材编写的原则、教材内容的编排、教材练习的设计等方面，使教材符合来华留学生的认知规律，发挥出教材本身的价值和作用。那么，如何从作为传播受众的来华留学生的角度进行改善呢？笔者认为至少可以从下面三个方面着手：

第一，教材的国别化、目的化。顾名思义，指针对不同国别的学生，根据当地的语言文化背景和教学对象的需求等情况来编写汉语教材。对于通用的汉语教材而言，由于文化传播也是一种人际传播，因传播主体和传播受体语言、思维、价值观、态度等的差异，会有“文化休克”现象发生的可能。因此，在教材编写上，不能编写具有统一的适用性的教材，而需要根据不同国家和地区的不同情况以及留学生的特点，编写国别化的教材，以满足来自不同国家的留学生学习汉语的需求。教材除了需要考虑国别化特点，还应该考虑来华留学生的其他特点，如学历和学习汉语的真实目的。有的留学生来中国是由于工作的需要，对这些留学生，教师要注重强化其语言表达能力的训练、培养与提高，侧重交际文化的渗透。有些留学生是为在中国接受高等教育、学习深造，并取得更高的学历，此时，除了要学习上述教材，留学生还会接触到其专业的其他教材，可以将中华文化传播与其专业的学习有机结合，这样就可以让留学生在日常的学习过程中同步感受中华文化的博大精深，从而激发留学生更强的学习兴趣。目前的汉语教材基本上是按照留学生的汉语水平，分成初级、中级和高级，笔者认为，还应该编写针对短期汉语学习的来华留学生的教材，因为时间的原因，在内容的编排上就应该和那些在中国学习时间相对来说更长的留学生使用的教材有所区别，最好是让留学生可以方便地自学，这对当前的汉语教材的编写提出了更高的要求。

第二，对外汉语教材的当地化。这是当前汉语国际教育理论与实践中的一个热点问题，也是一个前沿学术课题。当地化教材是指选材内容要结合当地的生活、文化、观念，所需教学量要与当地的学制、学时相匹配，因地制宜地选取课程内容，从而全方位地呈现当地经济、文化、民族性格等特点。教材文本的选择至为关键，要充分考虑文本的来源、类型、文化内涵等。如果传播受众选择在不同类型的高校学习汉语，那么所接触到的教材应该是不一样的。如对于民族高校而言，笔者认为，民族高校的对外汉语教材必须民族化，以凸显民族高校对外汉语教学的办学特色。有学者指出："少数民族文化属于中华文化的组成部分，因此必须及时把少数民族文化纳入我们的教学和研究框架，给其一个恰当的地位，以利于对外汉语教学的深入发展。"[①] 如武汉某大学对外汉语教学使用的教材是北京语言大学主编的"发展汉语"系列教材，笔者通过对《初级综合Ⅰ》《初级综合Ⅱ》《中级综合Ⅰ》《中级综合Ⅱ》及《初级口语Ⅰ》的内容进行研究，发现只有少数课文内容与民族文化宗教艺术有关，留学生不能通过对现代汉语基本语法和常用词的学习了解少数民族文化、民俗民风、宗教艺术，这会导致他们在民族地区进行实地考察时，感到课堂学习与实际交流严重脱节，极大影响教学效果。因此，教学的过程中需要通过选材、讲解、辅助读物等来对少数民族文化进行介绍，对具有一定汉语水平的留学生还可以举办相关的文化专题讲座。另外，由于学生水平的差异，初级班、中级班和高级班应采用不同难度的教材，初级班的汉语教材应重点突出汉语语音系统，在常用词和基本语法的覆盖下通过设置简单的民族风情的课文介绍，再配以多媒体如视频、影音资料等，帮助留学生在掌握汉语的常用词与基础语法的同时，对少数民族文化形成初步认识。中级班的汉语教材可以增加有关民族文化的课文，如少数民族的生活习惯、服饰文化、饮食文化等，同样也可以利用多媒体剪接一些少数民族电影和音像资料，来提高留学生的听力水平。高级班的汉语教材中可以尝试增加一些理解有一定难度的民族宗教文化、图腾文化以及一些传说诗歌，将不同民族的汉语表达习惯置于课文讲解之中，让留学生在了解民族文化的过程中逐步提高汉语听、说、读、写的基本技能。"不少留学生对少数民族的独特文化有强烈兴趣，希望到民族地区旅游体验，他们有了解少数民族文化的强烈愿望，所以，在对外汉语教学框架中插入少数民族文化的设置有很大

---

① 李宏亮：《中国少数民族文化与对外汉语教学》，《贵州民族研究》，2014 年第 3 期。

的必要性。”①

第三，对于教材的时代性在上文中已经阐释过。从传播受众的角度来看，当前来中国高校学习汉语和感受汉文化的留学生都是年轻人，他们所关注的焦点也在于当今中国发生的一切。如何让教材内容的编写能够跟上时代步伐，如何能保证来华留学生透过教材看到真实的中国，如何敏锐地打开世界了解中国的窗口，这是当前教材编写者应该着重考虑的内容。不能否认，中华五千年的文明给我们留下了无数文化瑰宝，但考虑到知识的系统性和文化的传承性，教材必须在承载语言知识以及中国传统文化的内涵和价值的同时，更要涉及当前中国社会主流价值观、当代中国发展面貌和精神风貌的展现内容。编写教材内容时，应该结合当下中国社会发生的具体事例来呈现，向留学生展示现代中国的真实面貌。另外，在教材编写时还应注重文化的对比，将中国的文化与来华留学生的母国文化进行对比，让留学生在差异中感受中华文化，更好体悟中华文明的核心价值观，并树立“和而不同”“美美与共”的和谐文化观。

另外，时代的发展也对教材提出了新的要求，单一的纸质版的教材已经无法满足教学的需要，即使是网络媒体对外汉语教学也需要配备自己的网络教材。网络教材不同于一般的远程教材，它是特定的教材或其配套教材的网络版本。也有学者（王建勤，2000）认为，当今社会，对外汉语教材必须现代化，其核心是观念现代化。如果我们在观念现代化的基础上，通过网络平台展开对外汉语教材的编写，围绕新的移动终端，网络用户为汉语学习主体的模式将成为未来对外汉语教学的发展方向。

在教学方法的选择上，同样要根据受众的特点，也就是说，要重视相似文化背景的留学生的共性和不同文化背景的留学生的“个性”，据此来选择不同的教学方法。文化背景不同，留学生的认知、接受习惯也就不同，所以，教学方法必须要有针对性。这里可以尝试戏剧教学法，将教室空间转变为“剧场”空间，让每一位留学生都能参与到课堂中去。“戏剧教学法是将戏剧表演用于知识传授和技能培养的一种教学方法，在语言教学中多作为一种活跃课堂的手段或者补充方式加以运用。”② 其效果表明

① 李宏亮：《中国少数民族文化与对外汉语教学》，《贵州民族研究》，2014 年第 3 期。

② 张连跃：《解读－改编－创演：戏剧教学模式新探》，《世界汉语教学》，2017 年第 2 期。

综合运用戏剧进行语言教学的方法大有潜力可挖。有些留学生天生爱好戏剧表演，而部分留学生害怕在公众场合开口说汉语，因此我们在最初阶段可以根据不同留学生的具体情况来安排不同的角色，逐渐引导和鼓励他们大胆表达，充分展示留学生的创造力。接下来我们以民族高校为例来具体说明如何开展戏剧教学法。教师在课上进行教学的过程中，首先可以让留学生搜集中国民族戏剧史上自己喜爱或感兴趣的剧本以及经典的台词和人物，这能够使留学生从被动的受教者转变为主动的知识获取者。随后，教师可以对不同民族的风土人情进行讲解，让留学生了解民族戏剧产生的相关历史背景。此外，不论是哪种类型的戏剧，角色的扮演、表演、动作以及对白都是其中的重要组成元素。教师可以根据留学生不同的汉语水平，为留学生提供多种形式的模仿活动，合理分配角色，轮流表演戏剧情节，激发留学生参与戏剧表演的热情。在这个过程中，教师可以将显性的语言教学和技术性教学结合起来。一方面帮助留学生根据戏剧人物的内心想法来进行正确的汉语发音，自然地说出台词；另一方面，教师可以在教学的过程中加强口头和书面的传授，适当的板书和多媒体的使用都是必不可少的辅助教学手段。留学生在民族戏剧的学习过程中，不仅学到了更多地道的汉语语言表达，也深入了解了不同少数民族的风俗文化，从而达到了对汉语语言文化学习的目的。

当然，这就对作为传播主体的教师提出了更高的要求。虽然教师不一定要有表演的天赋，但是必须有一定的民族文化知识的储备。因此，对目前在高校从事对外汉语教学的教师来说，应积极参加各种培训活动，努力汲取相关专业知识，不断提升自身的理论与实践素养，增加文化知识储备。在这个培训的过程中，教师可以学习如何“入戏”，以双重身份同步引导教学活动，和留学生之间进行角色的互动，从而帮助留学生达到课上和课后的学习要求，并加深其自身对中华文化的理解，这正是霍尔提出的隐性学习的核心所在，即模仿活动。如何设计教学，既满足留学生的知识诉求，又能激发他们对中华文化的兴趣，也是未来可以继续研究的方向。

另外根据受众的学习目的不同，教学方法也要有所区别。如有些留学生是出于个人爱好，其自身对中国语言文化有着强烈兴趣，对于这些留学生，可采用多样化的教学手段、平台，以兴趣学习为主；就共性而言，所有留学生在学习汉语、感受中华文化的初期，都更适应于采用传统的教学方法，这是因为其思维处于最初的形象阶段，所以使用传统的形象化的多媒体教学，能够更加生动地展现语言特点和文化形象。而随着留学生汉语知识和文化的积累，其思维方式会逐渐由形象转变为逻辑，这时就可以让传统媒体和新媒体交互，充分发挥作用，比如名师工作室、虚拟工厂、抖音平台、微课案例库等，新兴媒体让教学方法多样化，文化传播的效率和效果也就随之提高。

教学方法、教师队伍建设及教材的选用与编写之间有着密切关系，良好充足的师资队伍是实现教学方法的基础。同样以民族高校为例，民族高校的师资一直是对外汉语教学的难题，其中一个重要原因是长期以来学界忽视少数民族文化在对外汉语体系中的重要价值，没有培养这方面师资的意识。按照“1+1+5”培养模式的要求，必须建立起一支全面并熟悉多种文化的优秀师资队伍。在教学过程中，教师可以充分利用多媒体教学手段，突出少数民族文化的传播，介绍民族风光、民族风俗人情、民族宗教、民族传统节日等，吸引更多的留学生来我国民族高校学习汉语。

中华文化的对外传播必须考虑文化传播质量和文化传播效果，从质量上来衡量对外汉语教学，是通过来华留学生对中国文化的接受和认同度是否得到增强来进行判断，因为很多时候留学生能够接触到中华文化的机会比较少，有时候也只能接触到表面、简单的文化内容，这容易造成留学生对中华文化的误读。那么从效果上，主要是通过留学生对中华文化的适应程度和情感态度的变化，换言之，当有关中华文化的传播内容通过一定的传播媒介到达传播受众留学生后，它们是否能够“为他国受众接受，进而赞成我的观点，甚至追随我的步伐”，也就是“文化适应”的过程。通过文化交流达到相互理解，进而认同和借鉴中华文化，这是中华文化对外传播的关键所在。基于此，对于对外汉语教学的文化传播效果的判断要着眼于作为受众的来华留学生群体对中华文化的整体认知和文化浸润的程度。但文化渗透是一个相当缓慢而曲折的过程，其间会受到无法预计的政治、经济因素以及国际关系的干扰甚至“中断”。来自不同国家的来华留学生对中国的政治体制有着不同的认识，这些不同势必会影响其对中华文化的看法，因此，在衡量效果时也应该设置多样化的标准。

要提高中国的国际声望，实现中华文化的全球性传播与分享，推动中华文化走向世界，通过对外汉语教学来进行文化传播极为重要，因为这项教学活动的对象正是国外的受众。因此，传播主体所传播的内容是否符合传播受众的口味，所采取的传播媒介是否能更好地加深受众对文化的理解等都是十分重要的。还应注意的是，文化传播不是单向度的传播，应该重视传播受众的反应，与传播受众及时沟通。换言之，作为对外汉语教学的传播主体的教师，必须根据作为传播受众的来华留学生对中华文化的反应，及时调整传播内容和传播媒介，用他们听得懂、易于接受的方式，把中华文化的内容表达出来，将中华文化多样化的话语思维和表达习惯与外国受众无缝连接，使留学生更好地理解并充分接受中华文化，从而实现成功的文化传播。培植来华留学生对中华文化内涵和价值观念的认同感，使他们成为知华友华的中华文化传播使者，是对外汉语教学文化传播的终极意义所在。文化的对外传播是一个长期的需要循序渐进、逐步积淀的过程，在这个过程中，需要发挥作为宏观传播主体的国家政府的协调和统筹规划作用，加强另一层级的宏观传播主体高校的执行力，另外也要充分调动其他作为个体主体的对外汉语教师和民间力量；同时在教学过程中我们对教学内容和教学方法的选择也要根据受众特点，因材施教，从而形成推动中华文化对外传播的巨大合力。

结　语

全球化是当下无可阻挡的时代潮流，它不仅仅是一个单纯的经济现象，还带动了不同文化背景的人们之间的频繁交流，极大促进了不同社会文化的交融，从而推动了不同国家和地区之间的文化交融，这也正是和经济全球化并存的文化全球化。在文化全球化的时代背景下，世界范围内文化的交流与碰撞比以往任何一个时期都更加频繁，文化影响力甚至成为国家综合国力的重要组成部分，关系到全球文化传播时代之中一个国家是否可以争取和扩大其他国家对本国的认可，即国家国际影响力的大小和软实力的强弱。然而，现实情况却是，文化的传播与经济的迅速发展并不一定能够同步。因此，世界各国普遍认识到，要在这场文化交流竞争中占据先机，就必须深入挖掘自己文化中的优秀成果，提高本国文化的对外传播力。对于我国而言，在当前文化全球化背景下，如何实施国家文化复兴战略，如何推动中华文化走向世界，如何与世界其他国家展开文化交流与对话，如何建立与经济实力相匹配的文化体系，已成为这一背景下推动中华文化走向世界的战略问题，同时这也是一项长期而又具有战略意义的基础性工作，是值得所有文化推广者深思的问题。

语言推广是实现中华文化走向世界的这一构想必不可少的重要举措。目前，我国的语言推广已经取得了巨大的成就，引起了全球范围内“汉语热”“汉文化热”日益升温。那么如何才能满足世界想要与中国接触的巨大需求？如何在此基础上更好地传播中华文化？答案就是教育。原因有二，第一，随着全球化进程的加快，教育不仅仅关乎传播知识和传授技能，还负有传承价值观和传扬文化的重任；第二，教育本身就是一种带有传播性质的活动，这一特点让教育在中华文化的对外传播中发挥巨大作用，成为世界了解中国、中国走向世界的重要窗口。那么这一背景下的教育对象无疑正是留学生。来华留学生基于汉语和中华文化的浓厚兴趣，来到中国感受语言和文化的魅力。他们是文化交流的使者，他们的存在不仅促进了我国同其他国家在文化、教育、科技等各个领域的交流，更是在弘扬中华民族的优秀文化，帮助世界了解中国，实现中华文化的对外传播等方面发挥着不可忽视的重要作用。因此，我们必须进一步扩大对外汉语教学的开放程度，大力发展留学生教育，推动对外汉语教学国际合作与交流向更深层次和更广领域发展，将其作为中华文化向外传播的主要渠道之一。

对外汉语教学作为面向来华留学生的汉语教学，在文化重要性与日俱增的国际背景下，吸引了诸多学者对其开展了相关研究。对外汉语教学如何处理好汉语教学与文化传播的关系，选择哪些内容、如何在对外汉语教学中实现中华文化的传播等问题，成为当前对外汉语教学领域中最值得探索的重要课题。然而，我国的对外汉语教学目前还不能很好地承担文化对外传播、培养具有较强跨文化能力的国际汉语人才的任务，这对于中华优秀文化更深更广的对外传播是极为不利的。该如何解决当前高校对外汉语教学中存在的问题，虽然研究者们从方方面面对对外汉语教学进行了研究，但笔者认为，鉴于对外汉语教学主要是服务于中华文化的对外传播，可从传播学的视角获得启示。

作为一种理论视角和研究方法，传播学的研究视角已经在全球化的现实语境下渗透到人文社会科学的各个领域。然而，由于传播学特别是跨文化传播学是一门较新的学科，透过这一视角来研究对外汉语教学的学术成果还不多见。对外汉语教学是一种跨语言的交际行为，也是一种跨文化的传播方式，其实质就是一种跨语言跨文化的传播过程和交流活动。基于上述原因，本书在跨文化传播的视角下，结合传播学的理论，以拉斯韦尔传播学“5W 模式”为分析框架，将整个对外汉语教学看作是教育传播过程，建构国内高校“1+1+5”对外汉语教学传播体系。其中第一个“1”指的是以汉语语言教学为主的教学核心，第二个“1”是指培养来华留学生跨文化能力的教学目标，而“5”则对应着拉斯韦尔“5W 模式”的五个教学传播要素，即教学传播主体、教学传播内容、教学传播媒介和教学传播受众，以及中华文化更好走向世界的传播效果。

“中国教育学，不是只在中国范围内的教育学，也不是中国教育政策的汇编，而是蕴含中国文化的教育学”①，因此，结合国内外发展形势和中国政府对来华留学生教育工作的导向的调整及政策的完善，本书力图从更广阔的视野进行观察，把握面向来华留学生的对外汉语教学工作的文化传播价值内涵，从而更好地发挥其促进中华文化对外传播的作用。

本书以拉斯韦尔的“5W 模式”传播理论为基础，结合爱德华·霍尔的文化观点，综合运用文献研究法、课堂观察法、跨学科研究法等研究方法，紧紧围绕“什么是文化传播”“如何认识全球化时代中华文化对外传播”“如何客观认识对外文化传播视角下我国高校对外汉语教学的现状”“如何建构国内高校的对外汉语教学体系，改善中华文化对外传播的效果”等基本问题展开较为系统的研究。本书共分为四个主要部分：

第一章是关键概念和研究现状部分。我们首先对本书中的核心概念进行阐释，包括全球化、对外汉语教学以及所构建的“1＋1＋5”教学传播体系，我们回顾了国内对外汉语教学所走过的历程，从中了解到对外汉语教学及其研究范式的发展历程，从语言教学层面到今天的文化教学层面，之后，再上升到文化对外传播的必然性。在文献综述部分，我们回顾了国内外对外汉语研究及二语研究的现状，归纳总结其成熟经验，厘清研究中的薄弱环节，从而开拓了全球化视域下我国高等院校对外汉语教学模式研究的新空间。

第二章是本书的理论基础和分析框架，也是理论阐释部分。介绍了爱德华·霍尔的文化理论，这是我们研究对外汉语教学的文化传播的理论依据。随后探讨了跨文化传播学和拉斯韦尔传播学的“5W 模式”（即“谁”“说什么”“通过何种媒体渠道”“对谁”及“产生什么效果”）。针对对外汉语教学作为跨文化传播方式的特殊性，我们建立了传播视角下的对外汉语教学体系，这也正是本书所要研究的主题，即对外汉语教学“1＋1＋5”教学传播体系。

第三章讨论了跨文化传播视域下对外汉语教学中存在的问题。不仅分析了中华文化对外传播存在的机遇以及挑战，同时也分析了当前对外汉语教学中存在的一些薄弱环节，而其中最大的问题在于仅有少数学者关注到

① 冯建军:《构建教育学的中国话语体系》,《高等教育研究》,2015 年第 8 期。

对外汉语教学本质上应该是一种价值追求。

第四章尝试构建了文化对外传播视角下国内高校的对外汉语教学传播体系。这是一个综合性的传播工程，教学传播主体、教学传播内容、教学传播媒介和教学传播受众都是其重要的组成要素。对于教学文化传播主体而言，必须充分调动政府、非政府组织以及国内和海内外高校等各方面的力量和资源，把文化走向世界战略与其他层面的国家战略等结合起来。作为集体层面传播主体之一的中国政府应该做好宏观规划、顶层设计，鼓励非政府组织、文化企业和民间个人的加入；作为另一集体层面的传播主体的高校，应根据国家政府既定的战略目标和总体思路，不断完善来华留学生教学和管理体制，加强对来华留学生教育工作文化传播战略意义的认识，强化来华留学生教育的学科发展和师资队伍建设；作为个人层面传播主体的对外汉语教师扮演着组织者、引导者和调控者的角色。三者共同努力，形成推动中华文化对外传播的合力。

关于教学文化传播内容的选择应兼顾技能性、思想性、时代性和实践性原则，最核心的应是中华文化的内容创新，应着力传播中华优秀文化的价值，特别是挖掘其现代价值，不应该忽视当代文化的重要性，增强中华文化在世界上的认同度和竞争力。除了在课堂接受文化传播外，还必须重视对来华留学生的课外实践教学，拓展各种实践平台和实践基地的建设。霍尔文化理论所提出的显性教学、隐性教学和技术性教学也对对外汉语教学具有重要的启示意义。在对外汉语教学的课堂上，教师可以充分利用多样化的教学传播媒介，使来华留学生更好地了解和接受传播的文化信息，还应积极构建网络传播渠道，加大新媒体视觉传播媒介的使用力度，同时注重实物传播渠道的构建。来华留学生是教学传播的受众，针对不同的受众对象，应制定不同的传播策略。因此文化对外传播视角下的对外汉语教学应以来华留学生为中心，顺应其语言习惯，顺应其思维特点与心理需求，充分考虑其兴趣、学习动机和学习层次，建立适合的对外汉语教学体系。总体而言，对外汉语教学应该重视文化效果，遵循传播规律，才能取得好的教学传播效果。

对于对外汉语教学传播受众的重要性，还需要注意两点：第一，切勿急躁，要摒弃中华文化悠久灿烂、高人一等的心态和由此而产生的灌输式的、急于求成的功利心态，真正认识到文化传播在个体层面上是一个平等互动的过程；第二，切勿盲目顺从，对外汉语教学的过程中也不能为了盲目顺从而毫无原则地迎合传播受众的需求或喜好。针对中西文化差异这一客观现实，既不能无视中西巨大差异的存在，也不能制造西方文化为参照系下的变异形象，应该在审视自我文化的基础上，在文化平等交流和互相尊重的过程中塑造当代中国的国家形象[①]。只有这样，中华文化才能有朝一日走进西方受众的内心世界，使他们从内心深处认可中华文化。

本书努力建构一个比较完善的跨文化传播学视角下的对外汉语教学体系框架，总体而言，本书在以下两个方面取得了新的进展：（一）本书从新的视角，即在跨文化传播的视野下，结合跨文化传播学的基本原理来研究对外汉语教学，拓展了对外汉语教学研究的领域和研究意义范围。将对外汉语教学和跨文化传播学相结合进行研究是在对外汉语教学跨学科或交叉学科研究上做的一次有益的尝试。另外，本书是从传播学角度进行的跨学科教学研究，对此后的跨学科对外汉语教学研究具有一定的启发与借鉴意义。（二）基于拉斯韦尔关于传播过程的经典“5W模式”，客观描述和细致分析对外汉语教学活动的诸因素及相互关系，例如教师与来华留学读者之间的关系，对外汉语教学传播媒介与传播效果之间的关系。通过这些描述和分析，我们构建了对外汉语教学“1＋1＋5”的教学传播模式，进一步证明了对外汉语教学在跨文化传播中的学术价值及其现实意义。

在当今全球化发展趋势的推动下，文化已经成为影响软实力的重要因素，对一个国家的政治、经济等发挥着越来越大的影响，也受到了越来越多研究者的关注。而从文化的多元发展来看，当今世界多元文化现象无处不在，各种不同文化之间的交流、沟通和互动，是人类社会持久向前发展和进步的根本动力。伴随着全球化进程的推动和世界文化的多元发展，大力开展语言推广活动，推动本国文化对外传播已成为关系国家文化软实力提升、在文化竞争的大舞台上取得话语权的重要事业。就我国而言，国家文化发展战略的实施，仅仅依靠汉语推广是远远不够的，还必须以深厚的中华文化底蕴作为支撑，才能帮助中国在其他国家面前树立一个真实而有

① 谢晓娟:《论对外文化交流中的中国国家形象》,《当代世界与社会主义》,2012年第3期。

文化魅力的大国形象。在当前中国经济快速增长、综合国力不断提升以及世界“汉语热”不断升温的大好时机下，如果我们仅仅将对外汉语教学视为教外国人说汉语，就会错失文化对外传播的大好时机。对外汉语教学处于文化传播的前沿阵地，我们应该充分利用对外汉语教学这个平台，自觉地向世界介绍博大精深、悠久灿烂的中华文化。

鉴于对外汉语教学应从中华文化对外传播的高度重新审视，本书从跨文化传播学视域出发，根据传播学经典的拉斯韦尔“5W模式”，宏观、系统地考虑对外汉语教学中所涉及的各个教学要素，并对其展开多维度的描述性研究，不仅拓宽了研究的理论视角，更增强了研究的整体性、客观性与科学性。当前的对外汉语教学缺乏深层文化传播效果，因此在对外汉语教学文化传播的过程中，教师应把语言知识教学与中华文化传播相结合，采取多样化的传播媒介，全方位展示中华文化的魅力，发掘并传播更多的中国符号，让传播受众有更多接触中华文化的机会，从而增强世界各国对我国文化价值的认同感，达到文化传播效果。

本书集中探讨跨文化传播学视角下国内高校对外汉语教学“1＋1＋5”教学模式的构建，虽然有很大的理论意义和现实意义，但是也存在着许多不足。

首先，本书把对外汉语教学和跨文化传播学结合起来进行研究，是在跨学科研究上进行的有益尝试，虽然本人部分从事着对外汉语教学的相关工作，但由于知识结构、写作能力与学养的局限，对两个学科的分析可能还不够深入，很多感性的认识还没有付诸笔端，在驾驭时屡感力不从心，利用传播学的理论和方法分析对外汉语教学时可能会出现一些瑕疵和不足。好在如今研究结束之时在两门学科上都有长进，但日后定不能松懈，勤学不怠，本书研究的未尽之处将成为进一步研究的课题。

再者，本书所涉及的对外汉语教学的文化传播实践性对策和建议还仅仅停留在理论层面的探索与尝试，缺少对目前高校对外汉语教学的课堂进行个案分析，研究方法上还缺少操作层面的实际论证；另外，在对外汉语教学文化传播效果的反馈上还没有一个精确的考量标准，使得研究的客观性大打折扣。今后相关的研究不仅要分析案例，更要重视运用定性研究和定量研究相结合的方法。

在今天，中华文化对外传播已取得了巨大的成就，但仍与我们的期许存在着很大的差距。要想改变中国在国际话语权上的劣势，扭转中华文化在国内外还受到一些曲解和误读的现状，只有加强文化传播，充分发挥文化交流在加深理解等方面的重要作用，而其中对外汉语教学是关系中华文化走出去、中华民族文化生存空间的重大问题。为了讲好中国故事，传播好中国声音，本人依据自身有限学术水平和知识结构，对这些问题做出点有益的思考与研究，提供一种研究文化走向世界的思路，以供参考！

参考文献

一、英文部分

[1] ALEXANDER L V. How Soft Power Works [J]. SSRN Electronic Journal, 2009(9): 1-19.

[2]CELIA R, MELANIE C. Authenticity in the Adult ESOL Classroom and Beyond[J]. TESOL Quarterly 2009, 43(3): 620-642.

[3]CLAIRE K. Context and Culture in Language Teaching[M]. Oxford: Oxford University Press, 1993.

[4]CRAIG C. A Descriptive Model of Discourse in the Corrective Treatment of Learners' Errors[J]. Language Learning, 1977, 27(1): 29-46.

[5]CYNTHIA A. Brock. The Effects of Referential Questions on ESL Classroom Discourse[J]. TESOL Quarterly, 1986, 20(1): 47-59.

[6]DAVID N. Language Teaching Methodology: A Textbook for Teachers[M]. NJ: Prentice Hall, 1991.

[7]DONALD F, KAREN E J. Reconceptualizing the knowledge-Base of Language Teacher Education[J]. TESOL Quarterly, 1998, 32(3): 397-417.

[8]DOUGLAS B. Language, the Learner and the School[M]. Harmondsworth: Penguin, 1969.

[9] EDWARD B T. Primitive culture (Vols1-2). London: John Murray, 1871.

[10]EDWARD T H. Hidden differences: Doing Business with the

Japanese[M]. New York: Anchor Books Editions, 1987.

[11]EDWARD T H. An Anthropology of Everyday Life. New York: Anchor Books Editions, 1992.

[12]JACK C R. Beyond training: Perspectives on language teacher education[M]. Cambridge: Cambridge University Press, 1998.

[13]HELEN S O, PETER F. Intercultural Interaction: A Multidisciplinary Approach to Intercultural Communication. New York: Palgrave Macmillan, 2009.

[14]BROWN H D. Learning a Second Culture[C]. J. M. Valdes. Cultural Perspective. Lincoln: University of Nebraska Press, 1986.

[15]JAMES M H. Error Correction in Foreign language Teaching: Recent Theory, Research and Practice[J]. The Modern Language Journal, 1978, 62(8): 387-398.

[16]JOHN. F F. The Treatment of Error in Oral Work [J]. Foreign Language Annals, 1997, 7(10): 583-593.

[17] HERITAGE J. Question Design. WorkShop on Questions and Epistemics[M]. Loughborough University, UK, 2014.

[18]SINCLAIR J M , COULTHARD R M. Towards an Analysis of Discourse[M]. London: Oxford University Press, 1975.

[19]JEREMY H. The Practice of English Language Teaching[M]. London: Longman, 1983.

[20]MAURICE B. Political Language and Oratory in Traditional Society [M]. London: Academic Press, 1975.

[21]ROLAND R, FRANK L. Modernization, Globalization and the Problem of Culture in World-Systems Theory [J]. Theory Culture Society, 1985, 2(3): 103-117.

[22]SANDRA J S. Communicative Competence: An Experiment in Foreign Language Teaching[M]. Philadelphia: The Centre for Curriculum Development, Inc., 1972.

[23]WILLIAM B G, YOUNG Y K. Communicating With Strangers:

An Approach To Intercultural Communication[M]. MA: Addison Wesley Publishing Co., 1984.

二、中文部分

[1] 爱德华·霍尔. 无声的语言[M]. 何道宽,译. 北京:北京大学出版社,2010.

[2] 爱德华·霍尔. 超越文化[M]. 何道宽,译. 北京:北京大学出版社,2011.

[3] 爱德华·萨丕尔. 语言论:言语研究导论[M]. 陆卓元,译. 北京:商务印书馆,1985.

[4] 安东尼·吉登斯. 失控的世界:全球化如何重塑我们的生活[M]. 周云红,译. 南昌:江西人民出版社,2001.

[5] 安东尼·吉登斯. 超巧左与右:激进政治的未来[M]. 李惠斌,杨雪冬,译. 北京:社会科学文献出版社,2003.

[6] 安然. 孔子学院中方人员跨文化适应能力理论模式建构[C]. 第十届中国跨文化交际国际学术研讨会论文集,2013.

[7] 北京高教协会外国留学生工作研究会. 北京高校来华留学生教育研究[M]. 北京:北京语言大学出版社,2010.

[8] 蔡敏. “角色扮演式教学”的原理与评价[J]. 教育科学,2004(6).

[9] 陈琳,王琳莉,吴门吉. 语义相关与语义不相关词汇教学在对外汉语学习中的作用[J]. 华文教学与研究,2016(2).

[10] 陈颖. 从汉民族思维特点入手谈对外汉语教学中的字词教学[J]. 语言文字应用,2014(2).

[11] 陈曦. 汉语教师培养模式的新思考[J]. 国际汉语教育(中英文),2016(1).

[12] 陈宇鹏. “一带一路”倡议下对外汉语教学与文化传播:以对非洲国家为例[J].黑龙江教育学院学报,2017(6).

[13] 程乐乐. 论对外汉语课堂关键教学事件[J]. 云南师范大学学报(对外汉语教学与研究版),2017(6).

[14] 崔希亮. 对外汉语教学与汉语国际教育的发展与展望[J]. 语言文字运用,2010(2).

[15] 崔希亮. 汉语国际教育与人类命运共同体[J]. 国际汉学,2017(2).

[16] 崔希亮. 关于汉语国际教育专业的学科定位问题[J]. 世界汉语教学,2015(3).

[17] 戴相斌. 国际化背景下在华留学生社会实践教育现状与思考:以广东高校为例[J]. 安康学院学报,2015(1).

[18] 邓惠玲,安然. 虚拟社区中的跨文化人际交往特点探析:基于来华留学生"跨文化课堂微信群"的观察[J]. 对外传播,2017(5).

[19] 丁柏铨. 广告文案写作教程[M]. 上海:复旦大学出版社,2002.

[20] 费斯勒,克里斯坦森. 教师职业生涯周期:教师专业发展指导[M]. 董丽敏,高耀明,译. 北京:中国轻工业出版社,2005.

[21] 冯建军. 构建教育学的中国话语体系[J]. 高等教育研究,2015(8).

[22] 冯小钉. 适用于对外汉语教学的中国文化教材内容探讨[J]. 广东外语外贸大学学报,2016(3).

[23] 高增霞,栗硕. 学术汉语写作教材建设刍议[J]. 云南师范大学学报(对外汉语教学与研究版),2018(6).

[24] 耿潇. 论汉语国际教育的价值追求[J]. 教育研究与实验,2016(6).

[25] 关世杰. 试论对外传播中的共享价值观问题[C]//全国第二届对外传播理论研讨会论文集,2011.

[26] 桂靖,季薇. "产出导向法"在对外汉语教学中的应用:教学材料改编[J]. 世界汉语教学,2018(4).

[27] 郭丹阳. 影响对外汉语教学效果的因素探析[J]. 中国教育学刊,2015(S2).

[28] 郭继懋,陈爱锋. 二语教学应该重视表达取向的"基本形式"观[J]. 语言教学与研究,2016(6).

[29] 郭庆光. 传播学教程[M]. 北京:中国人民大学出版社,1999.

[30] 哈罗德·拉斯韦尔. 社会传播的结构与功能[M]. 谢金文,译. 上海:复旦大学出版社,2003.

[31] 韩震. 论国家认同、民族认同及文化认同:一种基于历史哲学的分

析与思考[J]. 北京师范大学学报(社会科学版),2010(1).

[32] 胡仁友,赵俊峰. 基于 SWOT 模型汉语国际推广战略分析[J]. 东疆学刊,2013(3).

[33] 黄慧. 来华留学生中国文化认同感研究[J]. 教育评论,2017(12).

[34] 黄晓红. 语气副词“反正”的使用环境及其教学问题研究[J]. 华文教学与研究,2015(1).

[35] 国家对外汉语教学小组领导办公室. 1988—1990 年对外汉语教学科研课题指南[J].世界汉语教学,1988(2).

[36] 国家对外汉语教学领导小组办公室. 1998～2000 年对外汉语教学科研课题指南[J]. 世界汉语教学,1998(2).

[37] 何星亮. 文明交流互鉴与人类命运共同体建设[J]. 人民论坛,2019(21).

[38] 姜飞. 跨文化传播学的渊源和研究视角[N]. 中国社会科学院院报,2007-05-31.

[39] 蒋丽丽. 对外汉语教学中的文化传播研究[J]. 西部素质教育,2018(18).

[40] 蒋晓丽,张放. 中国文化国际传播影响力提升的 AMO 分析:以大众传媒渠道为例[J]. 新闻与传播研究,2009(5).

[41] 金立鑫. 试论汉语国际推广的国家策略和学科策略[J]. 华东师范大学学报(哲学社会科学版),2006(4).

[42] 金善娥,辛承姬. 形声字声旁家族的一致性与对外汉语教学[J]. 汉语学报,2015(3).

[43] 金涛. 中国传统文化新编[M]. 杭州:浙江人民出版社,2005.

[44]克劳塞维茨.战争论:第 1 卷[M]. 北京:解放军出版社,1986.

[45]孔令跃. 对外汉语教学语块研究述评[J]. 华文教学与研究,2018(1).

[46]郐琳琳. 浅谈文化视域下对外汉语教学面临的困境及策略[J]. 教育教学论坛,2016(37).

[47] 拉里 · A. 萨默瓦,理查德 · E. 波特. 跨文化传播[M].6 版. 闵惠泉,王纬,徐培喜,等译. 北京:中国人民大学出版社,2018.

[48] 李宏亮. 中国少数民族文化与对外汉语教学[J]. 贵州民族研究，2014(3).

[49] 李金齐. 全球化时代的文化安全研究[M]. 北京：中国社会科学出版社，2008 .

[50] 李景强. 论跨文化传播的性质[J]. 新闻界，2010(6).

[51] 李庆本. 对外文化传播与国家形象建设[J].湖南社会科学，2012(5).

[52] 李开盛，戴长征. 孔子学院在美国的舆论环境评估[J]. 世界经济与政治，2011(7).

[53] 李泉. 试论汉语预科教育若干问题[J]. 国际汉语教学研究，2016(3).

[54] 李泉，丁秋怀. 中国文化教学与传播：当代视角与内涵[J]. 语言文字应用，2017(1).

[55] 李泉. 对外汉语课程设置：总反思与再规划[J]. 语言战略研究，2017(2).

[56] 李泉，柳茜. 留学生第二课堂——地方普通话和当地方言学习：基于常态汉语环境的对外汉语教学总体设计[J]. 语言教学与研究，2017(3).

[57] 李泉. 对外汉语教学：学科建设四十年：成就与趋势，问题与顶层设计[J]. 国际汉语教育(中英文)，2018(4).

[58] 李如龙. 汉语的特点与对外汉语教学[J]. 语言教学与研究，2014(3).

[59] 李盛兵，吴坚. 汉语高效率国际推广研究[M]. 北京：科学出版社，2012.

[60] 李希光，顾小琛. 舆论引导力与文化软实力[M]. 长沙：湖南大学出版社，2013.

[61] 李小珊. 对外汉语教学中的中国文化传播[J]. 兰州交通大学学报，2016(5).

[62] 李欣. 远程教育技术在对外汉语教学中的应用研究[J]. 中国电化教育，2016 (3).

[63] 李雅. 来华塔吉克斯坦留学生跨文化适应问题研究[J]. 民族教育研究，2017(4).

[64] 李亚红，李红，张传凰. 基于关键事件技术的来华留学生心理压力源探析[J]. 中南民族大学学报(人文社会科学版)，2016(6).

[65] 李岩. 视觉传播中的技术理性批判:来自麦克卢汉“冷媒介”说的议题[J]. 新闻与传播研究,2004(4).

[66] 李宇. 中国电视国际化与对外传播[M]. 北京:中国传媒大学出版社,2010.

[67] 李月炯. 对外汉语教学对少数民族汉语教学的借鉴意义[J]. 贵州民族研究,2018(12).

[68] 李贞. 对外汉语语音教学中的中国文化传播探赜[J]. 成才之路,2018(27).

[69] 林晓光. 中国由高语境文化向低语境文化移动的假说[J]. 新闻与传播研究,2009(2).

[70] 林秀琴. 汉语国际教育本科专业的发展困境与对策[J]. 中国高等教育,2014(11).

[71] 刘弘,靳知吟,王添淼. 对外汉语课堂操练中教师等待时间研究[J]. 世界汉语教学,2014(2).

[72] 刘颂浩. 教材编写研究中的学科意识[J]. 华文教学与研究,2018(4).

[73] 刘新科. 中国传统文化与教育[M]. 长春:东北师范大学出版社,2002.

[74] 刘学蔚. 在文化间性视角下再议对外汉语文化教学[J]. 湖北社会科学,2016 (5).

[75] 刘珣. 对外汉语教育学引论[M]. 北京:北京语言大学出版社,2000.

[76] 陆俭明. 汉语国际教育专业的定位问题[J]. 语言教学与研究,2014(2).

[77] 陆平舟,周东花. 三十年来对外汉语教学文献的计量分析[J]. 云南师范大学学报(对外汉语教学与研究版),2014(4).

[78] 骆健飞. 韵律、语体、语法:汉语动词辨析及教学的新视角[J]. 云南师范大学学报(对外汉语教学与研究版),2015(1).

[79] 鲁健骥. 对外汉语教学历史上的“小四门”:初步的考察与思考[J]. 华文教学与研究,2017(1).

[80] 鲁健骥. 汉考漫议:对改进 HSK 的几点建议[J]. 华文教学与研

究,2018(4).

[81] 罗素. 中西文明的对比[M]. 上海:学林出版社,1996.

[82] 罗新星. 跨文化传播视野下的文化软实力[J]. 湖南社会科学,2011(2).

[83] 马春燕. 来华留学生:中国故事讲述者与国家形象宣传员[J]. 社会科学论坛,2017(12).

[84] 马云鹏. 教育科学研究方法导论[M]. 长春:东北师范大学出版社,2002.

[85] 迈克尔 · H.普罗瑟. 文化对话:跨文化传播导论[M]. 何道宽,译,北京:北京大学出版社,2013.

[86] 米尔顿 · J.贝内特. 跨文化交流的建构与实践[M]. 北京:北京大学出版社,2012.

[87] 牟世荣. 副词"倒"的语义语用探析及对外汉语教学策略[J]. 汉语学习,2014(6).

[88] 南国农. 教育传播学[M]. 北京:高等教育出版社,2005.

[89] 欧文 · 拉兹洛. 联合国教科文组织国际专家研究报告:多种文化的星球[M]. 戴侃,辛未,译,北京:社会科学文献出版社,2004.

[90] 彭兰玉,郭格. 汉语教育国际人才培养的视野构架、细节构架[J]. 湖南社会科学,2016(4).

[91] 单波,石义彬. 跨文化传播新论[M]. 武汉:武汉大学出版社,2005.

[92] 时篙巍,李鹤鸣,杨汝清,等. 当"孔夫子"遭遇"西方":当前汉语国际推广的现状、问题及思考[J]. 北京大学研究生学志,2010(3).

[93] 苏政杰. 认知语言学与对外汉语教学[J]. 海外华文教育,2016 (1).

[94] 孙德金. 五十余年对外汉语教学研究纵览:《对外汉语教学研究论著索引》编后[J]. 语言教学与研究,2009(2).

[95] 孙德金. 论汉语作为第二语言教学学科的语言学本质[J]. 世界汉语教学,2015(3).

[96] 孙德金. 汉语教育学视野下的对外汉语教学语法[J]. 应用语言学研究,2016(1).

[97] 孙凤兰. 国别汉语多媒体教材练习设计研究:学生需求分析调查报告[J]. 中国成人教育,2014(10).

[98] 孙弘慧. 传播学“5W”模式下的对外汉语教学研究[J]. 佳木斯职业学院学报,2017(4).

[99] 孙英春. 跨文化传播学导论[M]. 北京:北京大学出版社,2008.

[100] 万筱铭. 教育生态学视角下的华文教育区域化研究[J]. 教育研究与实验,2016(6).

[101] 王恩旭. 国际汉语教师自主发展导论[M]. 沈阳:辽宁人民出版社,2014.

[102] 王方. 初级汉语教材功能与语法相结合的量化研究[J]. 汉语学习,2014(3).

[103] 王鸿滨. 留学生课外汉语分级阅读框架体系建设构想:以经贸类材料为例[J]. 语言教学与研究,2016(4).

[104] 王卉. 对外汉语教学中的文化教学研究[J]. 学理论,2014(30).

[105] 王建勤.对外汉语教材现代化[J]. 语言文字应用,2000(2).

[106] 王克非. 外语教育政策与社会经济发展[J]. 外语界,2011(1).

[107] 王淑华. 关于汉语国际教育本科专业课程设置的思考:基于《普通高等学校本科专业目录和专业介绍(2012 年)》的讨论[J]. 云南师范大学学报(对外汉语教学与研究版),2017(1).

[108] 汪田霖,吴忠. 全球化与文化价值观[J]. 学术研究,2002(6).

[109] 王添淼,李周振. 国际汉语教师与对外韩语教师资格认证制度的比较研究[J]. 云南师范大学学报(对外汉语教学与研究版),2018(6).

[110] 王晓平. 对外汉语教育心理学课程体系与教学模式探究[J]. 黑龙江教育(高教研究与评估),2016(9).

[111] 汪昕. 博物馆教育与对外汉语文化教学:探索馆校合作新领域[J]. 博物馆研究,2018(4).

[112] 王学松. 面向留学生的中国古代文学教材编写[J]. 云南师范大学学报(对外汉语教学与研究版),2016(2).

[113] 王彦伟,张一萍. 留学生文化体验课程实施关键要素质性研究[J]. 云南师范大学学报(对外汉语教学与研究版),2018(6).

[114] 王政挺. 传播:文化与理解[M]. 北京:人民出版社,1998.

[115] 王治敏,王小梦."翻转课堂"方法在海外本土教师培训"口语训练与教法"案例中的运用[J]. 云南师范大学学报(对外汉语教学与研究版),2016(1).

[116] 沃纳·J.赛佛林,詹姆士·W.卡德. 传播理论:起源、方法与应用[M]. 郭镇之,译. 北京:中国传媒大学出版社,2006.

[117] 吴迪龙,常晓丹,熊宇仙. 跨文化交际学在对外汉语成语教学中的应用[J]. 湖南科技学院学报,2016(6).

[118] 乌尔利希·贝克. 什么是全球化[M]. 常和芳,译. 上海:华东师范大学出版社,2008.

[119] 吴坚. 汉语教育国际化发展的现状、问题及对策[J]. 华南师范大学学报(社会科学版),2015(6).

[120] 吴建设,莫修云. 语言类型学视角下外国留学生的"把"字句习得研究[J]. 语言教学与研究,2017(3).

[121] 吴小军,沈杰. 数字化校园的对外汉语实验室平台的设计与实现[J].实验室研究与探索,2018(12).

[122] 吴瑛. 中国文化对外传播效果研究:对5国16所孔子学院的调查[J]. 浙江社会科学,2012(4).

[123] 吴祚来. 对外传播与文化焦虑[J]. 对外传播,2009(9).

[124] 习近平. 在纪念孔子诞辰2565周年国际学术研讨会暨国际儒学联合会第五届会员大会开幕会上的讲话[M]. 北京:人民出版社,2014.

[125] 夏红星,邓春慧. 浅谈对外汉语教学中的语言教学与文化传播[J]. 湖北科技学院学报,2017(2).

[126] 谢晓娟. 论对外文化交流中的中国国家形象[J]. 当代世界与社会主义,2012(3).

[127] 徐晓林,吕殿学,朱国伟. 文化安全视野下的中国教育"走出去"战略[J]. 马克思主义研究,2012(1).

[128] 闫槿,曾立英. 中级汉语口语提高篇中主观性及交互主观性元素分析:兼论对外汉语教学的口语课文讲解及课堂互动引导[J]. 民族教育研究,2016(3).

[129] 杨春耘，严宏伟. 临床医学留学生对外汉语教学的反思[J]. 云南师范大学学报(对外汉语教学与研究版)，2018(4).

[130] 杨达. 基于中华民族软实力构建的对外汉语教学探析[J]. 贵州民族研究，2015(4).

[131] 杨立川. 人际传播与社会主义核心价值观的培育[J]. 新闻知识，2018(1).

[132] 杨峥琳，洪炜. 预防式与治疗式近义词教学方法在对外汉语教学中的运用[J]. 云南师范大学学报(对外汉语教学与研究版)，2015(1).

[133] 杨自俭. 关于译学研究的一些想法[C]//张柏然，许钧. 面向21世纪的译学研究. 北京：商务印书馆，2002.

[134] 尹妍妍. 来华留学生危机事件诱因与防范管理策略研究：以重庆九所高校为例[J].比较教育研究，2017(1).

[135] 余红艳. 对外汉语教学与民俗文化国际传播[J]. 长江大学学报(社科版)，2015(12).

[136] 袁三标，陈国栋. 西方话语权力生产背后的意识形态逻辑探究[J]. 思想战线，2013(1).

[137] 原绍锋. 对外汉语教学渗透文化传播之方法论[J].中央财经大学学报，2014(S1).

[138] 岳岚. 19世纪西方人对量词的认识与量词教学[J]. 国际汉学，2017(2).

[139] 约瑟夫·奈. 硬权力与软权力[M]. 门洪华，译. 北京：北京大学出版社，2005.

[140]张岱年，方克立. 中国文化概论[M]. 北京：北京师范大学出版社，2004.

[141] 张国良. 20世纪传播学经典文本[M]. 上海：复旦大学出版社，2003.

[142] 张旺熹. 关于国际汉语师资培养的几点思考[C] // 姜明宝. 汉语国际教育人才培养理论研究. 北京：北京大学出版社，2013.

[143] 张宏国. 学生助教制：解决对外汉语学生实习指导教师缺乏的新路径[J]. 云南师范大学学报(对外汉语教学与研究版)，2016(1).

[144] 张敏. 对外汉语教学中的茶文化课程教学设计探析[J]. 湖南科技学院学报,2014(7).

[145] 张汝伦. 文化视域中的全球化理论:罗兰·罗伯逊的全球化理论简述[J]. 复旦学报(社会科学版),1996(6).

[146] 张文贤,李榕. 初级汉语教学中的对话体-叙述体复述练习研究[J]. 华文教学与研究,2015(4).

[147] 章欣,李晓琪. 汉语网络教学教师培训研究[J]. 语言教学与研究,2017(3).

[148]张连跃. 解读—改编—创演:戏剧教学模式新探[J]. 世界汉语教学,2017(2).

[149] 中共中央马克思恩格斯列宁斯大林著作编译局马列部,教育部社会科学研究与思想政治工作司. 马克思主义经典著作选读[M]. 北京:人民出版社,1999 .

[150] 中共中央马克思恩格斯列宁斯大林著作编译局. 马克思恩格斯文集:第1卷[M]. 北京:人民出版社,2009 .

[151] 中共中央宣传部. 习近平总书记系列重要讲话读本(2016年版)[M]. 北京:学习出版社、人民出版社,2016.

[152] 钟启泉. 学科教学论基础[M]. 上海:华东师范大学出版社,2001.

[153] 周健. 试论汉语语感培养教学模式的确立[J]. 华文教学与研究,2016(1).

[154] 周清海. 从全球化的角度思考语文教学里的文化问题[J]. 华文教学与研究,2014(1).

[155] 周明强. 对外汉语视角下的新词语教学[J]. 云南师范大学学报(对外汉语教学与研究版),2014(5).

[156] 周一书. 模因论在对外汉语课堂教学中的应用研究[J]. 语言教学与研究,2014(4).

[157] 祝东颖. 充满潜力的中国文化外宣[J]. 对外传播,2009(7).

[158] 朱国辉. 高校来华留学生跨文化适应问题研究[D]. 上海:华东师范大学博士学位论文,2011.

后　记

2014年12月中旬的一天，我在学院教师群里看到大家都在发表祝贺，心想，会是什么事情呢？往上翻，才看到是群里公布我的课题“全球化视域下我国高校汉语国际教育培养模式研究”入选了全国教育科学“十二五”规划2014年度教育部青年课题。看到消息的那一刻，在感到幸运和收获喜悦的同时，我心中更多的是惶恐与忐忑。喜悦的是，我对于对外汉语教学不成熟的看法受到相关专家的肯定；忐忑的是，作为一名英语语言文学的博士，我能否做出令各方满意的成果。时光如白驹过隙，当我在电脑上敲出“后记”这两个字的时候，关于这一主题的相关研究也终于到了一个节点，虽然不甚成熟，但对我个人而言也甚是欣喜。

这一研究主题实际上是来源于本人教学科研工作中的思考和兴趣。我的专业是英语语言文学，英美国家的文化一直是我比较感兴趣的地方。而当我有了教授留学生汉语课程的经历后，我发现不论是中国学生还是外国学生，文化都是能够激发他们兴趣的关注点。不知不觉间，我从对教育学懵懵懂懂，从对传播学一无所知，慢慢地对相关领域的研究有了一定心得，文化研究成了我的一个研究方向。书中，我是从传播学的角度阐释汉语国际教育培养模式的，作为一个较新的研究领域，其对于我而言，难度可想而知。本书仅是本人在教学和研究过程之中的一点所得、一点思考、一点感想和一点探索，作为抛砖引玉，希望能够推动相关领域的学者的研究，从而推动我国汉语推广以及中国文化的传播。当然这种探索难免存在错讹、疏忽之处，诚盼学界同仁给予批评指正。

本书付梓之际，首先我要感谢全国教育规划办公室给予我的基金支持。其次，要感谢我就职的中南民族大学外语学院的领导和同事对我的帮助和支持，感谢学校社科处老师们从项目申请到项目结项一路上提供的帮助。

这里要特别感谢湖北科技学院的吴亚林教授，在吴教授的点拨下，我对教育学领域及文化传播这一主题有了进一步的认识。尽管研究的道路坎坷艰辛，但我深信，因为对跨文化教育这一研究领域的热爱，我会将它作为今后学术研究生涯中的一个重要课题，尽我最大的努力，以端正的态度投身于这一领域的研究。

我的父母一直在尽他们最大努力来支持我，从本科到博士，再到博士后进站和出站，从一心一意只读圣贤书到有了自己的小家庭。在本书出版前夕，我父亲结束了与病魔的抗争，告别了他所眷恋的世界。经历了父亲从重病到去世的过程，这对于我来说是一段刻骨铭心的岁月，愿以此书告慰其在天之灵。这里我还要感谢我的丈夫孙朗，理科背景的他从头至尾仔细阅读，提出意见，逐字逐句地修改，尽最大可能去理解那些对他来说十分枯燥的理论。专著写作期间，我经常很晚才回家，快七岁的女儿时常被我弄醒，她用稚嫩的声音对我说："妈妈你终于回来了！"那一刻，我泪如雨下。

在专著即将付梓之时，虽是冬季，但这一刻窗外仍是阳光明媚，就像是我内心所存续的那一丝希望，令我感到无比温暖。我会继续努力，踏踏实实，坚持不懈地在学术道路上走下去，不断积累，不断提高。对于未来，可以静心前往！因为我知道，不忘初心，方得始终！